선비와 함께 춤을

선비와 함께 춤을

백승종 지음

사우

1 ——

선비도 춤을 추는가. 누구라도 흥이 나면 춤을 추기 마련이다. 때로 우리는 흥을 돋우기 위해 춤을 추기도 한다. 춤과 흥은 어느 쪽이 먼저가 되었든 상승효과를 가져온다.

1421년(세종 3) 정월 초하루, 좌의정 박은이 연회에서 상왕 태종의 마음을 달래기 위해 춤을 추었다. 여러 신하들도 따라서 춤을 추었다. 흥이 난 태종도 자리에서 일어나 덩실덩실 춤을 추었다. 이것은 실록에 기록된 사실이다(『세종실록』, 세종 3년 1월 1일).

상왕 태종이 그러했듯, 사람들이 어울려 춤추는 모습을 바라보노라면 우리도 절로 흥이 오른다.

2 ——

춤에 무슨 힘이 있을까. 무당이 추는 춤에는 주술의 힘이 실려 있다. 춤사위에 신들은 이윽고 노여움을 풀고, 인간 세상에 복을 내려준다.

성인(聖人)이 춤을 추면 세상이 다스려진다. 『한비자(韓非子)』의 「오두(五蠹)」 편에는 신기한 이야기 한 토막이 실려 있다. '간척(干

戚)의 춤(舞)'에 관한 고사다. '간(干)'은 방패요, '척(戚)'은 도끼다.

　순(舜)임금 시절의 일이었다. 임금이 우(禹)에게 명하여 남쪽에 있는
유묘(有苗: 현재의 묘족)를 치게 했다. 그러나 유묘는 항복하지 않았다.
순임금은 느낀 바 있어 전쟁을 중단하고 군대를 철수하게 했다.

　그러고는 더욱 너그러이 문덕(文德)을 베풀었다. 이때 순임금은
방패와 도끼를 손에 들고 춤을 추었다고 했다. 왼손에 방패를,
오른손에 도끼를 들고 무무(武舞)를 추었다는 것이다. 그런 지 3
년 만에(다른 기록에서는 70일 만에) 유묘가 제 발로 걸어와 항복을 자
청했다고 한다.
　역사상에는 '간척의 춤'을 빙자한 어리석은 행위도 많았다. 유
약한 군주는 사태의 본질을 외면한 채 임시방편의 조치를 취할
뿐이었다. 그러면서도 마치 '간척의 춤'을 추는 것처럼 꾸며댔다.
자신들의 약점을 가리기 위해 문치(文治)를 흉내 낸 것이다. 이런
시늉이 '간척의 춤'과 같은 효과를 가져다줄 수는 없는 일이었다.
　순임금의 경우는 근본적으로 달랐다. 그는 무력의 사용을 포
기하고 인덕(仁德)으로 정치를 펴 상대방을 감화시켰다. 이것이
사태의 전환점을 가져온 것이었다. 그가 군대를 거두고 춤을 추
자, 적들이 저절로 항복해왔다는 이야기에 깃든 상징성이 매력적
이다. 순임금의 춤은 평화의 약속이요, 세상을 바꾸는 진정한 다
스림이었다.

3 ——

그럼 이제 우리가 춤을 춘다는 것은 무엇일까. 함께 어울림이요, 세상의 긍정적인 변화를 염원한다는 뜻이다.

나는 한 사람의 역사가다. 역사의 기록을 더듬으며, 우리가 '선비'라 부르는 지식인들을 만나는 것이 내 일이다. 그들의 생각을 헤아리고, 이 땅 위에서 펼쳐진 그들의 사업을 마음속으로 그리는 작업이 나의 일상이다. 그런 일이 내게는 마치 선비들과 어울려 한바탕 춤이라도 추는 것처럼 느껴질 때가 종종 있다.

역사 기록을 통해 내가 만난 선비들은 이미 역사의 뒤안길로 사라졌다. 그들의 생각과 행위는 엄연히 '과거' 속으로 사라져갔음에도, 그것이 내게는 여전히 현재적이다. 그들은 나의 오늘이 되어 '현현(顯現)'한다. 살아 있는 체험이 되어 내 마음을 사로잡는 것이다. 역사의 무대를 떠난 옛 선비들의 언행에 기대어, 나는 '세상의 변화'를 꿈꾸는 자다.

4 ——

이 책에서 우리가 함께 만날 선비는 수십 명이다. 교산 허균, 성호 이익, 다산 정약용, 추사 김정희 등 누구나 아는 선비들이 적잖이 포함되어 있다. 하지만 그게 전부는 아니다. 하서 김인후, 휴암 백인걸, 망우당 곽재우, 운포 여성제 등 조금 낯선 이름도 있다. 보통은 우리가 선비로 간주하지 않는 송덕봉, 이순신 장군, 정조 임금도 등장한다. 생각해보면 유교 철학은 그들의 삶에도 본령을 이루었다. 따라서 그들을 선비라고 부르지 못할 이유는 전혀 없다. 나는 그렇게 생각한다.

연대기적으로 보면, 이 책에서 우리가 만나게 될 인물들은 조선 후기의 이름난 선비들이 대다수다. 그에 더하여 근현대의 역사를 빛낸 이들도 여럿이다. 해월 최시형, 안중근 의사, 도산 안창호, 시인 백석, 김홍섭 판사, 최대교 검사, 바보새 함석헌, 무위당 장일순 등이 그들이다. 얼핏 유교와 상당한 거리가 있어 보일지 모르겠으나, 그들의 삶을 자세히 들여다보면 하나같이 선비의 마음과 태도를 고이 간직한 인물들이었다.

모든 인간은 저마다 독특한 개성의 향기를 내뿜으며 산다. 그러면서도 누구나 자신이 속한 시대의 사회적·문화적 조건으로부터 자유로울 수 없다. 20세기에 이르기까지 지난 수백 년 동안 한국 사회를 직간접으로 지배한 것은 선비의 문화였다. 이 책에 등장하는 주인공들은 어떤 의미로든 선비의 정체성을 공유했던 것이다.

5 ___

이상에서 거명(擧名)한 다수의 선비들과 어울리며, 우리는 다양한 곡조에 맞추어 춤을 추게 되리라.

가장 먼저는 우리가 미처 알지 못했던 그들의 모습을 발견하고 아마 깜짝 놀랄 것이다(제1장). 그들을 선비답게 만들었던 속마음을 비롯해, 특별한 태도와 언행을 되새겨볼 시간도 우리를 기다린다(제2장). 세상을 바꾸기 위해 그들이 가슴 깊이 품었던 웅대한 포부와 경륜도 들여다볼 것이다(제3장).

그런데 세상은 한 번도 녹록한 적이 없었다. 그리하여 꼿꼿한 선비일수록 세상의 부조리에 절망해야 했고, 거기서 벗어나기 위해 일종의 '문화투쟁'을 벌이는 일도 생겨났다(제4장). 조선이란 오래된 왕조가 망한 뒤에도 선비의 시련은 끝나지 않았다. 우리는 신식의 선비들이 근현대사의 험한 길을 뚫고, 어떻게 정의와 평화의 길을 열고자 했는지를 볼 것이다(제5장). 신기하게도 그들 가운데 몇몇 이들은 '생태주의'에서 평화와 정의로 가는 새로운 길을 발견하기도 했다(제6장).

이 책은 일종의 크로키(croquis)다. 지난 여러 해 동안 '역사의 숲'에서 내가 만난 여러 선비들의 모습을 속사(速寫)한 것이다. 그것이 전문가들에게는 어쩌면 쓸데없는 '조박지(조각)'요, 불완전한 전기(傳記) 자료에 지나지 않을지도 모르겠다. 그러나 이 글이 교양 시민들에게는 춤추듯, 역사의 산등성이를 타고 넘는 기쁨을 선사하기를 나는 소망한다.

평택 불악산 아래 서실에서
백승종

"무수한 전기(傳記)의 정수가 모여 역사를 이룬다."

– 토머스 칼라일

| 프롤로그 | 역사 속 선비들에 기대어 세상의 변화를 꿈꾸다 | ···4 |

1장 우리가 미처 몰랐던 선비들 ─────

저승길에서 만난 하서 김인후 ···16
허균이 발견한 사람의 본성 ···22
뜻밖의 송시열 ···27
성호 이익, 눈먼 암탉에게 삶의 기술을 배우다 ···33
실학자 이익의 가난 구제법 ···38
정약용은 왜 아들이 의사가 되는 것을 반대했을까 ···42
이순신, 예민한 감성의 소유자 ···46
정치 때문에 꼬인 영의정 여성제의 결혼생활 ···52

2장 선비 정신은 어디서 오는가 ─────

안중근 의사를 키운 독서의 힘 ···60
'동양평화론'을 주창한 안중근은 왜 총을 들었나 ···65
역관 홍순언에게 배우는 외교의 한 수 ···71
홍의장군 곽재우, 선비의 전형 ···75
백인걸, 기회주의자를 몰아내다 ···78
여성 선비 송덕봉의 전략 ···82
진짜 선비와 가짜 선비 ···91

3장 선비의 한 생각, 세상을 바꾸는 힘 ─────

임금의 자리는 가볍다 ···100
정도전의 꿈 '경제민주화' ···105
개혁과 보수가 맞붙은 경연 풍경 ···110
조헌, 역사가 잊은 조선 후기의 '진보적 지식인' ···115
퇴계 이황, 노비를 고발하다 ···120
송익필의 고난, 우연과 광기의 역사 ···124
분배의 정의는 왜 중요한가 ···129
추사 김정희의 '실사구시', 동아시아 사상사의 비판적 성찰 ···132

4장 선비, 시대의 벽을 넘다 ──────

부정부패의 늪에서 빠져나오려면   ...148

비판과 풍자를 허하라   ...153

'개혁 군주' 정조의 문화계 블랙리스트   ...157

예언문화에서 민심을 읽다   ...161

금서의 역사와 문화투쟁   ...165

동학농민운동, 섣부른 '개방정책'에 맞서다   ...180

5장 선비의 마음으로 살다 ──────

인격혁명론 몸소 실천한 도산 안창호   ...188

'식민지 근대화'를 거부한 시인 백석   ...194

실천적 지식인 리영희   ...201

고뇌하는 인간 김홍섭 판사   ...207

강직한 '누룽지 검사' 최대교   ...214

6장 '생태주의'라는 이름의 새 길을 열다 ──────

인간의 생태적 삶을 꿰뚫어본 선지자 최시형   ...224

장일순이 들려주는 밥 한 사발의 의미   ...230

생각하는 백성 없이 위대한 나라 없다는 함석헌   ...236

│에필로그│우리 시대의 역사가와 메시아   ...242

참고문헌   ...247

1장

우리가 미처 몰랐던 선비들

우리는 조선시대에 대해 무척 많은 지식을 가지고 있다. 엄연한 사실이다. 그러나 여전히 잘 모르는 점도 있다. 이 장에서는 우리가 미처 몰랐던 선비들의 인생관과 세계관, 또는 직업과 결혼에 대한 관념 등을 짤막하게 하나씩 살펴보기로 한다.

그 가운데 서너 가지 사실은 내게 특별한 감흥을 불러일으켰다. 간단히 적어보면 아래와 같다.

16~17세기 조선의 선비들은 사후세계를 상당히 구체적인 모습으로 상상했던 것 같다. 생전에 탁월한 시인이자 '옥골선풍(玉骨仙風)', 즉 신선처럼 잘생겼다는 이유로 호평을 받았던 하서 김인후. 당시 선비들은 그 김인후가 천상세계에서도 요직을 담당하는 줄로 믿었다.

17세기의 천재 문인 교산 허균은 식욕과 성욕을 인간의 본성으로까지 끌어올렸다. 성선설(性善說)의 도그마(dogma)에 매몰되어 있던 당시의 사상계로서는 도저히 용납할 수 없는 일종의 도발이었다.

그러나 정통 성리학자라 해서 우리가 함부로 깎아내리는 것은 잘못일 것이다. 우암 송시열은 조선 후기 기득권층의 문화를 상징하는 존재였으나, 우리는 그의 언행에서 의외의 개방성과 진보적인 측면을 발견한다. 송시열은 누구보다도 서자에 대한 차별을 반대했다. 그는 여성에게도 재혼을 허락하고 교육의 기회를 제공해야 한다고 믿었다.

실학자 성호 이익은 당대의 생활풍습을 비판했다. 그는 유교 고전에 관한 독창적인 연구를 통해, 이른바 사대봉사(四代奉祀: 부모부터 고조부모까지 제사를 모심)가 후대의 관습에 불과하다는 점을 알아냈다. 따라서 이익은 당시 사회에 많은 폐해를 야기했던 번잡한 제사를 대폭 줄이자는 결론에 이르렀다.

이밖에도 이 장에서 우리는, 한시도 눈물이 마를 새가 없었던 '선비 이순신'의 모습을 보게 될 것이다. 의사가 되고자 했던 아들의 앞길을 막은 아버지 다산 정약용도 만나고, 이혼파동으로 입방아에 올랐던 정승 여성제의 이야기에도 귀를 쫑긋 세우게 될 것이다.

저승길에서 만난
하서 김인후

사후세계에 대한 궁금증은 예나 지금이나 마찬가지다. 오죽하면 '임사체험', 곧 죽었다가 되살아난 사람들의 경험담을 토대로 한 진지한 연구가 다 있는 것일까.

16~17세기의 탁월한 지식인 교산(蛟山) 허균(許筠, 1569~1618) 또한 흥미로운 임사체험의 글을 남겼다. 정확히 말해 그는 오세억이라는 선비의 경험담을 기록했다(「성소부부고」 제25권, 제26권). 하양(지금의 경상북도 경산)에 살던 오세억은 젊은 나이에 죽었다가 되살아났다. 허균이 쓴 글에는 그것이 반나절 만이라고도 했고, 또 사흘 만이라고도 했다.

> 꿈결처럼 하늘나라(天府)에 갔다. 붉은 옷을 입은 저승사자가 나를 작은 집(小院)으로 이끌었다.

허균은 그 집에 대해 쓰기를, '자미지궁(紫微之宮)'이란 현판이

붙어 있었다고 했다. 누각이 우뚝 솟아 난새와 학이 훨훨 날았다고도 했다.

바로 그 집에 윤건(綸巾: 고운 생사로 엮어 만든 모자)을 쓴 학사 한 명이 있었단다. 하서(河西) 김인후(金麟厚, 1510~1560)였다. 망자 오세억은 생시에 하서와 안면이 있었다고 했다. 그 하서가 조용히 말했다. "그대는 금년에 하늘에 오름이 합당치 않도다. 세상에 나가 행실을 닦기에 더욱 힘쓰라." 그때 하서는 죽은 이들의 이름이 적힌 붉은 명부를 뒤적이며, "자네는 이번에 잘못 왔네. 나가야겠네그려"라고 했다나. 새하얀 비단옷을 몸에 걸친 하서는 오세억을 이승으로 돌려보내며 한 편의 시를 주었다고 했다.

세억, 자네의 이름 자는 대년일세(世億其名字大年).
문 밀치고 들어와 자미선(하서)을 찾으셨구려(排門來謁紫微仙).
일흔일곱 살이 되거든 또 만나세(七旬七後重相見).
부디 인간세상에 돌아가 이 말씀 함부로 퍼뜨리지 마시기를(歸去人間莫浪傳).

다시 살아난 선비 오세억은 그 사연을 소재(蘇齋) 노수신(盧守愼)에게 알렸다. 생전의 하서는 소재와 막역한 사이였기 때문이다. 이후 오세억은 행실이 더욱 돈독해져 효자로 이름을 떨쳤다. 그는 하서의 시에 적힌 대로 일흔일곱 살이 되자 어느 날 갑자기 세상을 떠났다고 한다.

오세억의 임사체험을 허균은 간단명료하게 기록했다. 혹자는 사후세계에 관한 이야기치고는 극적인 요소가 너무 부족하다고 여길 수도 있겠다. 그래도 나는 허균이 전하는 임사체험담이 다음 네 가지 점에서 흥미롭다고 생각한다.

첫째, 천상세계의 모습이다. 아름답고 귀한 새가 날고, 멋진 기와집이 있으며, 고운 비단으로 짠 모자(冠)가 있다. 조선의 선비들이 상상한 천상계는 실상 지상의 풍경을 그대로 옮긴 것이었다. 차이가 있다면 더욱 아름답고 고요한 느낌이 든다는 정도다. 선비들은 대단히 현세 중심적 사고방식을 가졌음을 알 수 있다.

둘째, 그들의 현세 중심적 사고는 망자(亡子) 오세억과 천관(天官) 김인후의 짧은 대화에서도 감지된다. 하늘나라에 머물기보다는 지상에 다시 내려가게 된 것을 다행으로 여긴 것이다. 선비들은 죽어서 신선이 되기를 바라기도 했으나, 그보다는 이 세상에서 사람답게 살기를 원했다.

셋째, 천상에서도 그들은 어김없는 선비다. 한문으로 시를 지어 선물하고, 또 그것을 열심히 외워서 기억한다. 세상에 내려가 "행실을 닦기에 힘쓰라"는 김인후의 말을, 오세억은 유교적 가치를 더욱 열심히 실천하라는 당부로 이해한다. 그리하여 저승에서 돌아온 오세억은 이름난 효자가 된다. 선비들은 유교적 가치야말로 이승과 저승을 초월한 최고의 진리라고 믿었다.

끝으로, 오세억의 임사체험담이 당대의 선비들 사이에서는 진지하게 받아들여졌다. 그는 천상의 김인후가 말했던 대로, 77세가 되자 홀연 세상을 떠났다. 그리하여 천상세계에 관한 이 이야기는 상당한 신빙성을 갖게 되었던 것이다.

하서 김인후가 누구인가? 그는 시인으로 이름이 높았다. 소싯
적에 그는 『시경』을 본문뿐만 아니라 자잘한 주석까지 다 외웠
다. 그리하여 그의 붓끝에서 나온 한시는 『시경』의 고졸(古拙)하고
아름다운 향기를 뿜었다고 한다. 그는 퇴계 이황과 더불어 당대
최고의 성리학자로 손꼽혔다. 이황은 성균관에 머물며 학업에 잠
심하던 젊은 시절을 회상하며, 그때 자신은 오직 하서 김인후와
둘이서만 학문을 논의했다고 고백했다. 후세 사람들은 평하기를,
영남에 퇴계가 있다면 호남에는 하서가 있다고 했다.

이황과 장문의 편지를 주고받으며 '사단칠정(四端七情)'에 관해
토론한 기대승(奇大升)도 말했다. "본래는 이 질문을 하서 선생께
드리려 하였으나, 뜻밖에도 선생이 일찍 세상을 뜨셨기 때문에
퇴계 선생께 편지를 올리게 되었다."(『고봉집』)

송강(松江) 정철(鄭澈)도 소싯적에 김인후의 문하에서 『대학』을
공부했다. 전라북도 순창에는 지금도 '대학암'이라는 바위가 있
어, 그들 사제 간의 따뜻한 정의(情誼)를 전하고 있다.

김인후는 인종이 보위에 오르기 전, 동궁 시절의 스승이었다.
그와 인종의 관계는 매우 돈독했다. 불행히도 인종은 요절하고
말았는데, 김인후는 임금이 독살되었다고 믿었다. 이후 그는 신
하로서의 의리를 지키기 위해 모든 벼슬을 물리치고 산림에 숨어
살았다. 훗날 정조는 김인후의 학문과 절의와 인품을 높이 평가
하여 내탕금(內帑金: 왕의 사적 재산)을 주어 『하서집』을 간행하게 했

다. 그러고는 문정(文正)이란 시호를 내려, 문묘에 배향했다. 유학자로서 누릴 수 있는 최상의 영예를 선사한 것이었다.

이로써 김인후는 '동국18현', 곧 우리 역사상 가장 탁월한 18인의 학자 가운데 하나로 우뚝 섰다. 그의 위패를 모신 필암서원(전라남도 장성)은 대원군의 서원철폐령에도 살아남은 전국의 47개 서원 가운데 하나였다.

그런데 그에게는 도가의 선인과 같은 풍모가 있었다. 일찍이 퇴계는 하서에 대해 이렇게 평했다. "그는 중년에 『황정경(黃庭經)』, 곧 도가의 서적에 몰입했다."

조선의 선비들은 하서의 외모를 말할 때면, '옥골선풍(玉骨仙風)' 이라 했으니 도가풍의 미남자가 분명했다. 허균은 하서의 일생을 다음의 몇 줄로 요약했다.

하서 김인후는 인품이 높고 학문과 문장이 뛰어나 스스로 터득함이 있었음에도, 일찍 벼슬에서 물러나 은거했다. 인묘(인종)는 동궁 시절에 그를 인재로 여겼다. 왕위에 오르자마자 하서를 가장 먼저 불러들였다. 그러나 그가 서울에 도착하자 곧 승하했다. 하서는 고향으로 되돌아갔고, 그 뒤 조정에서 여러 번 불렀지만 나오지 않았다.

하서는 평일에 도가풍이 물씬 나는 시를 썼다.

오기는 어디로부터 왔든가(來從何處來).
가기는 또 어디로 가는가(去向何處去).

가는 곳도 오는 곳도 정한 곳이 없다네(去來無定蹤).

유유한 세월이랬자 백 년 남짓일 뿐이네(悠悠百年許).

선비들은 은연중에 하서의 뜻에 공감했던 것일까. 오세억은 저
승길에서 하서를 만났다고 주장했고, 노소재와 허균도 고개를
끄덕였으니 말이다.

허균의 글에 명시된 것처럼 16~17세기의 선비들은 사후세계
가 현세의 연장이라고 믿었다. 그들에게 죽음이란 혼탁한 현세로
부터 완전무결한 천상세상으로의 이동이었다. 그럼에도 천상은
현세로부터 근본적으로 절연된 세계가 아니었다. 그것은 현세에
서 선비들이 추구하는 가치가 온전히 구현된 장소일 따름이었다.

조선시대의 지배 이데올로기는 성리학이었다. 불교도 도교도
이단으로 몰렸다. 호기심 많은 선비들만이 금지된 책자를 흘낏
넘겨보는 정도였다. 그런 점에서 허균은 참 대단한 사람이었다.
그는 16세기의 큰 선비 김인후의 이름을 빌려 천상의 세계를 공
론화했으니 말이다.

허균이 발견한
사람의 본성

허균은 17세기를 대표하는 개성 만점의 문인이었다. 그는 가는 곳마다 기행(奇行)을 연출했고, 이것은 그를 크고 작은 위기에 빠뜨렸다. 특히 허균의 자유분방한 성생활이 문제였다.

교산(蛟山) 허균(許筠, 1569-1618)은 31세 때 황해도사(종5품)에 임명되었는데, 기생을 데리고 부임했다. 이 때문에 사헌부로부터 탄핵을 받아 곧 파직되었다. 2년 뒤(33세)에는 해운판관(정5품)이 되어 지방의 세미(稅米)를 징수하고 운반하는 일을 감독하게 되었다. 그때 허균은 전라도 부안의 명기 매창(梅窓)을 비롯한 여러 기생들과 어울렸다. 매창과의 염문은 세상에 널리 알려졌다. 그 바람에 매창은 유명인사가 되었다고 해도 과언이 아니었다. 선비들은 허균의 품행을 문제 삼았다.

그래도 허균의 분방함은 여기서 그치지 않았다. 그는 홀어머니의 상중에도 각도의 기생들을 끼고 놀았다는 등, 많은 물의를 일으켰다. 이러고서야 그의 관직 생활이 순탄할 리 없었다.

1611년(광해군 3) 초여름, 그는 후세에 길이 남을 또 한 권의 문제작을 저술했다. 『도문대작(屠門大嚼)』이라고 했다. 뜻인즉, '푸줏간 앞을 지나며 입맛을 다신다'는 것이다.

당시 허균은 전라도 함열에 유배 중이었다. 그보다 한 해 전, 허균은 과거 시험관으로서 여러 명의 선비를 합격시켰다. 그 가운데는 그의 조카와 사위도 있었다. 이를 지탄하는 여론이 들끓었다. 광해군은 정치적 압박을 견디지 못해, 허균의 관직을 빼앗고 먼 시골로 유배 보냈다.

갑자기 불우한 처지에 놓이게 된 허균은 스스로를 달래기 위해 사방의 온갖 진수성찬을 떠올렸다. 그로 말하면 태생부터가 장안의 내로라하는 대갓집 아들이었다. 조선 팔도의 맛난 음식을 빠짐없이 섭렵한 그였다. 까다롭기 그지없는 혀를 가졌으니 귀양살이의 고초가 남다르게 느껴질 수밖에 없었다. 그는 식생활의 괴로움을 다음과 같이 토로했다.

(먹을거리라고는) 쌀겨조차 부족했다. 밥상에 오르는 것은 상한 생선과 감자, 들미나리 따위였다. 그것도 끼니마다 먹지를 못했다. 굶주린 배를 움켜쥐고 밤을 지새울 때면, 지난날 내가 산해진미를 물리도록 먹던 때가 저절로 생각났다. 침을 꿀꺽 삼키며 다시 한 번 먹고 싶은 생각이 들었지만 어찌하랴. 하늘나라에나 있다는 서왕모의 복숭아처럼 까마득하기만 할 뿐이었다. 천도복숭아를 훔쳐 먹은 동방삭이 아닌 다음에야 내가 어떻게 그것을 먹을 수 있겠는가?

옛 기억을 더듬어 그는 전국 각지의 음식을 한 권의 책에 적어 놓았다. 그러고는 가끔씩 꺼내보면서 허기를 달래고자 했다. 허균의 문장이 뛰어난 것이야 세상이 다 아는 바지만, 그는 기억력도 정말 비상했다. 『도문대작』에는 총 117종의 음식이 등장한다. 떡만 해도 11종이고, 어패류는 40종이나 되었다. 허균은 음식의 특산지는 물론, 요리법이며 음식의 겉모양과 맛까지 일일이 기록해두었다. 또 그 음식들의 역사적 기원까지도 상세히 밝혀놓았다. 그야말로 식생활 백과사전이다.

허균이 언급한 음식과 식재료 중에는 현대 한국인의 식탁에서 이미 사라진 것도 적지 않다. 그런 점에서 그의 『도문대작』은 우리 전통 음식의 실상을 알려주는 소중한 자료다. 한 탁월한 선비의 궁핍과 고난이, 후세에게는 소중한 문화유산이 되었다는 사실이 신기하지 않은가.

그런데 말이다. 내 생각에는 이 책의 진가는 다른 곳에 있는 것 같다. 허균은 『도문대작』을 통해 보편적 이성을 절대시하는 성리학의 인간 본성론에 일격을 가했다. 그의 말을 들어보자.

먹는 것과 성욕은 사람의 본성이다. 더구나 먹는 것은 생명에 관계되는 것이다. 선현들이 먹는 것을 바치는 자를 천하게 여겼지만, 그것은 먹는 것만을 탐하고 자기의 이익을 추구하는 자를 지적한 것이지 어떻게 먹지도 말고 말하지도 말라는 것이겠는가? (「도문대작인」)

모두가 아는 대로 성리학자들은 인간의 욕망을 극복의 대상으로 삼았다. 그러나 허균의 생각은 완전히 달랐다. 그의 입장은 양명학 좌파 중에서도 극단에 치우쳤다는 태주학파를 연상하게 만든다. 허균은 식욕과 성욕을 중시하며, 이런 주장을 폈다.

'남녀 간의 정욕은 하늘이 주신 것이다. 유교의 성인은 남녀가 다르다고 가르치셨다. 그런데 성인은 하늘보다 한 등급 아래의 존재가 아닌가. 성인의 말씀을 따르기 위해 하늘의 뜻을 어길 수는 없다.'

성리학자들이 발끈할 것은 당연지사였다. 그들은 허균의 문학적 재능을 아까워하면서도 그의 독창적인 주장을 용납하지 못했다. 훗날 간재(艮齋) 전우(田愚, 1841~1922)는 정통 성리학자의 입장에서 허균을 맹렬히 공격했다.

> 식욕과 색욕은 인간 본성을 침해하여 그것을 무너뜨린 다음에야 멈춘다. 그런 욕망은 예의를 무시하게 만드는 것이다. 그런데도 허균은 '남녀 간의 정욕을 천성이라 했다.' (……) (허균의 주장과 달리) 예의에 관한 성인의 가르침은 본래 하늘의 이치에서 나와 성인에게서 이루어진 것이다. (『간재선생문집』, 전편 12권)

예의란 결코 공자와 맹자가 마음대로 만든 것이 아니라는 말이다. 전우를 비롯한 성리학자들이 보기에, 하늘은 성인에게 직접 말씀하신 적이 없다 해도 성인은 하늘의 뜻을 대신해 말할 수 있다는 것이다.

그런 점에서 전우는, 허균이 남녀의 도리를 구별하지 못하는 서양 오랑캐 또는 중국 명나라의 양명학자 이탁오(李卓吾)와 같은 부류의 악인이라고 단정했다.

허균은 시류를 벗어난 생각을 가진 사람이었다. 그는 남보다 몇 걸음 앞서 인간의 본성을 긍정적으로 받아들였다. 이 때문에 그는 끊임없는 구설수와 좌절의 늪에 빠졌다. 그러나 남보다 먼저 깨닫는다는 것은 진정한 의미에서 하나의 축복이지 재앙은 아닐 것이다.

뜻밖의
송시열

이 사람 때문에 조선이 망했다고 주장하는 사람들이 아직도 많다. 우암(尤庵) 송시열(宋時烈, 1607~1689)의 막무가내가 조선 사회에 큰 폐해를 끼쳤다는 것인데, 과연 그에게는 성리학만 옳고 다른 사상은 글렀다는 식의 경직된 보수성이 없지 않았다. 송시열은 당쟁이 극심했던 17세기 후반의 인물이라, 그를 둘러싼 시비는 여운이 몹시 길다.

송시열은 남인의 영수 윤휴(尹鑴) 등과 대립하여 큰 잡음을 일으켰다. 그는 현종 때 일어난 이른바 '예송논쟁'의 주역이기도 했다. 논쟁은 두 차례에 걸쳐 일어났고, 그때마다 정국이 크게 요동쳤다. 1차 기해예송(1659)은 효종이 죽자 자의대비(인조의 계비이자 효종의 계모)의 상복 입는 기간을 둘러싸고 벌어진 논쟁이다. 송시열을 비롯한 서인들이 남인과 격돌했다. 남인은 효종을 대비의 장자로 보아 3년 상을 주장했다. 서인은 효종을 둘째 아들로 간주해 1년 상을 주장했다. 당시 현종은 집권층인 서인의 주장을 따랐다.

2차 갑인예송(1674) 때는 사정이 달라졌다. 효종의 비 인선왕후가 죽자 이번에도 자의대비의 상복 기간이 문제가 되었다. 남인은 큰며느리로 보아 1년 상을 주장했다. 서인은 둘째 며느리로 간주해 9개월을 고집했다. 현종은 남인의 주장을 받아들여 1년 상으로 결정했다. 뿐만 아니라 지난 기해예송도 잘못된 결정이었다며, 송시열을 비롯한 서인을 조정에서 몰아내고, 남인을 기용했다.

송시열은 참혹한 당쟁의 '아이콘'이었다. 그가 이끌었던 노론은 반대파인 남인의 영수 윤휴가 주자와 다른 학설을 주장했다는 이유로 사문난적(斯文亂賊: 올바른 학문을 어지럽히는 도둑)으로 낙인찍어 사회적으로 매장하기도 했다. 송시열 등은 또 다른 반대파인 소론의 대학자 윤증과 박세당까지 사문난적으로 내몰아 치명적인 상처를 입혔다.

송시열은 이러한 일련의 사태와 직결되는 인물이었다. 따라서 그의 학문과 인품을 깎아내리려는 반대파의 비판과 공격도 우리의 상상을 초월할 정도였다. 반대파는 그를 위선적인 '요물' 또는 권력욕의 화신으로 보았다.

그러나 그에게는 우리가 잘 모르는 뜻밖의 모습이 있었다. 예컨대 송시열은 여성에게 절개를 강요하는 풍조에 반대하기도 했다. 놀랍게도 그는 양반 부녀자들의 개가, 즉 재혼을 허용하자고 했던 것이다. 당대에는 신분과 연령을 막론하고 여성의 수절(守節)이 강요되었다. 겉으로는 조선 사회가 엄격한 도덕률의 지배를 받는 것처럼 보였다. 그러나 그 이면은 위선으로 가득했다. 곳곳에 윤리적 비행과 타락상이 감추어져 있었다. 그럴 바에는 차라리 재혼을 허락하는 편이 낫다. 송시열은 그런 생각을 했다.

동시대의 서양 지식인 중에서도 송시열처럼 여성의 재혼을 주장한 경우는 거의 없었던 것 같다. 훗날 1900년(광무 4) 민치헌(閔致憲)이란 관리가 고종에게 올린 상소에도 송시열의 입장이 자세히 소개되었다.

그러나 송시열은 정적들에 의해 포위되어 있었다. 운신의 폭이 좁았던 그로서는 여성의 재혼을 허용하자는 자신의 생각을 노골적으로 펼치기가 어려웠다. 그는 지인에게 보낸 편지에서 재혼 문제를 심각하게 거론한 적이 있었다. 그 편지의 사본이 정적인 남인과 소론의 손에 들어갔는지, 반대파의 공격이 날카로웠다. 그들은 재혼에 관한 송시열의 진보적인 견해를 문제 삼았다. 윤리와 도덕을 모르는 인간이라며 비판의 목소리를 높였다. 궁지에 몰린 송시열은 자신의 견해를 스스로 부정했다.

그리하여 송시열은 숙종에게 올린 글에서 전혀 다른 말을 했다. 자신은 여성의 재혼을 주장한 일이 없다고 발뺌을 했다.

> 사대부 집안 여성이 개가해도 된다는 말은, 옛 선비 이언적과 조헌이 했던 바입니다. 저는 이런 문제를 임금님께 아뢴 적도 없고, 조정 신하들에게 언급한 적도 없습니다. 그런데도 이 일로 저를 비방하다 못해 제가 삼강(三綱)을 무너뜨린다는 비방까지 일어났습니다. (『송자대전』 제13권)

어떻게 된 일일까? 송시열의 문집을 자세히 살펴보면, 문제의 편지가 발견된다. 1659년(효종 10) 송시열이 탄옹(炭翁) 권시(權諰)라는 학자에게 보낸 한 통의 편지였다. 약 250년 뒤 민치헌이 상소문에서 언급한 내용이 그 편지에 고스란히 담겨 있다.

> 고려 말엽에 윤리가 무너져 남편을 살해하고, 다른 남자에게 재혼하는 여성이 있었다오. 그리하여 부득이 이 법(재혼금지법)을 제정했다고 하오. 이 법은 일시적으로 폐단을 교정하는 수단이었을 뿐이오. (『송자대전』 제39권)

송시열의 이 말이 실상에 부합하는 것 같다. 조선 초기에는 여성이 세 번 이상 결혼해서 발생하는 가족 간의 불화와 복잡한 상속 문제가 논의의 초점이었다. 여성의 재혼마저 법으로 엄금한 것은 성종 8년(1477)의 일이었다. 역사적 검토를 통해 송시열은 여성의 재혼 금지가 한시적인 성격을 띤다고 보았다.

그는 중국 고대의 예법 가운데서도 자신에게 유리한 이론적 근거를 발견했다. 『주례(周禮)』에는 가모(嫁母), 즉 재혼한 어머니와 의붓아버지(繼父)의 상복에 관한 언급이 있었다. 대다수 조선 성리학자들의 짐작과 달리, 『주례』를 만든 주공은 여성의 재혼을 금지하지 않았던 것이다. 성리학의 큰 스승들, 곧 주자와 정자도 여성의 재혼을 노골적으로 반대하지 않았다. 송시열은 그 점을 확신했다.

그래서 그는 열녀와 충신에 관한 조선 사회의 통념을 날카롭게 비판했다. "충신은 두 임금을 섬기지 않고, 열녀는 두 남편을 섬기지 않는 것은 동일한 의리다. 그런데 이 나라에서는 무슨 까닭으로 두 임금을 섬기지 말라는 법은 제정하지 않은 채, 여성에게 두 남편을 섬기지 말라고 강요하는가?"

"예의를 잘 가르쳐, 백성들이 자신들도 모르는 사이에 나날이 진보되게 하는 것이 성인의 정치다. 그러나 엄한 형벌을 써서 아무리 강요해도 백성들이 따르지 않는 상황을 연출하는 것은 후세의 정치다."

간단히 말해, 송시열은 평민과 여성에게도 교육의 기회를 주어야 한다고 주장했다. 그는 성인의 정치를 추구한 사람이었다. 앞에 인용된 글만으로는 송시열이 평민과 여성의 교육 기회를 주장한다고 보기에는 부족하지 않은지 의심할 수도 있을 것이다. 그러나 그런 염려는 불필요한 것이다. 송시열이 언명했듯, 좋은 세상이 되려면 끊임없이 백성들에게 예의를 가르쳐야만 했다. '예의를 가르치는' 행위는 누군가의 모범을 보이는 것으로는 부족한 일이었다. 송시열은 예학자로 이름난 사계(沙溪) 김장생(金長生)의 제자였다. 그는 예의를 배우고 실천하는 것 자체가 하나의 방대한 학문적 체계를 필요로 한다는 사실을 잘 알고 있었다.

백성의 대부분은 여성이요, 평민이었다. 그들에게 교육의 기회를 주지 않는다면, 예의와 염치가 구현될 리 만무했다. 송시열은 자신의 맏딸을 권유(權惟)에게 시집보내면서 『계녀서』라는 책자를 선물로 주었다. 한글로 된 이 책자에는 여성이 지켜야 할 각종 규범이 자세히 정리되어 있다. 그는 시집간 딸이 이 책을 늘 옆에 두고 언행의 지침서로 삼기를 바랐다.

정치가 송시열의 행적에는 잘못도 많았다. 그 자신과 학문적 성향이 달랐던 반대파의 학자들을 '사문난적'으로까지 몰아간 것은 지나친 일이었다. 그러나 우리가 미처 알아보지 못한 매력도 없지 않았다. 그는 누구보다 솔직한 사람이었다. 도덕이라는 미명과 재혼 불가의 허울 아래 신음하는 여성들의 비참한 신세를 그만큼 깊이 공감한 이는 드물었다. 서얼차별의 폐단을 송시열처럼 심각하게 인식한 선비도 드물었다. 사람들이 유교적 도덕을 빙자해 이 세상을 더욱 위선적으로 만들어버릴까 봐 그는 깊이 염려했다.

성호 이익,
눈먼 암탉에게 삶의 기술을 배우다

실학자 성호(星湖) 이익(李瀷, 1681~1763)은 열심히 닭을 쳤다. 양계는 그의 생계에 적잖은 도움이 되었다. 이익은 틈만 나면 닭의 습성을 꼼꼼히 관찰했다. 놀랍게도 거기에 인간이 나아가야 할 길이 있었다. 이익은 눈먼 어미 닭의 삶에서 부모의 도리와 정치의 올바른 이치를 깨달았다.

이익은 자신의 소감을 「할계전(瞎雞傳)」, 곧 '눈먼 어미 닭의 전기'에 담았다(『성호전집』 제68권). 글의 본모습을 크게 훼손하지 않으면서 소개해볼 생각이다.

외눈박이 암탉은 오른쪽 눈이 멀었다. 그나마 성한 왼쪽 눈은 사팔뜨기였다. 자연히 이 암탉의 행동은 둔하고 부자유스러웠다. 늘 겁먹은 표정으로 우왕좌왕하는 모습이었다. 이익의 집안 식구들은 이 닭이 암탉 구실을 못할 거라고 입을 모았다.

내 가슴속에는 가난하고 병약한 이익의 젊은 시절이 외눈박이 암탉과 자꾸 중첩된다.

그런데 말이다. 외눈박이 암탉도 때가 되자 알을 품었고, 새끼 병아리들이 깨어났다. 이익은 그 병아리들을 건강한 다른 암탉의 무리 속으로 옮기려 했으나, 외눈박이의 신세가 너무 가여워 그만두었다. 동병상련이었을까. 이익은 근심 어린 눈으로 외눈박이를 관찰했다. 그러고는 뜻밖의 결과에 놀랐다.

보통 암탉들은 새끼를 잘 키우지 못했다. 병아리 수가 절반 이하로 줄어드는 것이 흔한 일이었다. 그러나 외눈박이는 단 한 마리의 새끼도 죽이지 않았다. 가장 약한 어미가 가장 훌륭한 성과를 내다니, 어찌된 것일까?

농가의 상식에 따르면, 어미 닭에게는 두 가지 능력이 필요했다. 첫째, 새끼들에게 먹이를 잘 공급해주는 어미라야 했다. 둘째, 뜻밖의 재난이 닥쳐도 어미가 방비를 잘해서 새끼들을 보호해야 했다. 어미 닭은 유달리 건강하고 사나워야 했다. 우리도 세상살이는 그렇게 다부져야 잘하는 줄로 믿지 않던가.

병아리를 거느린 어미 닭들은 흙을 파헤쳐 벌레 잡기에 분주했다. 날카롭던 부리와 발톱이 닳아 없어질 때까지 그들은 새끼를 먹여 살리려고 애썼다. 그러나 하늘에는 천적인 까마귀와 솔개가 있고, 집 마당에는 고양이와 개가 호시탐탐 병아리를 노렸다. 이 놈들이 불시에 쳐들어오면, 어미 닭들은 사생결단하고 두 날개를 퍼덕이며 죽을힘을 다해 싸웠다. 이런 필사적인 노력에도 불구하고, 병아리의 60~70퍼센트는 저세상으로 갔다.

외눈박이 암탉은 달랐다. 몸이 굼떠 멀리 나갈 수 없어서였을까. 그 암탉은 식구들의 보살핌이 있는 마당을 줄곧 떠나지 않았다. 제 힘으로는 새끼들을 제대로 먹여 살릴 수 없음이 미안해서였을까. 외눈박이는 틈만 나면 새끼들을 따뜻하게 품어주었다. 그러자 새끼들이 알아서 제 먹이를 찾아냈다. 가난한 가장의 길이 여기에 있고, 힘없는 회사나 약소국 정치가의 나아갈 길이 여기에 있다.

외눈박이 닭의 이야기는 곧 이익 자신의 이야기였다. 그는 당쟁으로 인해 벼슬에 나아가지 못했다. 그가 집안을 지키는 방법은 철저한 절약과 검소, 그리고 가족을 사랑으로 정성껏 보살피는 것뿐이었다. 이익은 평생 그런 태도로 일관해 당쟁으로 상처 입은 가문을 보존하고자 했다.

그럼 이것이 약소국의 정치와 무슨 관계가 있다는 말인가. 한국처럼 주변의 강대국들로부터 압박을 받는 나라일수록 내적 화합과 연대가 필요하다. 오늘날의 네덜란드와 스위스 같은 나라를 보아도 알 수 있다. 그들은 무리해서 군사강국이 되려고 하지 않는다. 사회 구석구석을 더욱 민주적이고 정의롭게 만들고자 노력한다. 이것이 그들의 평화를 지키는 참된 힘이다.

> 자식을 기르고 보호하는 방법은 먹이를 주는 것으로는 부족하다. (……) 양육의 요점은 잘 거느리고 정성껏 돌보는 것이다. 암탉이 새끼들을 기르는 모습을 관찰함으로써, 나는 사람을 기르고 살리는 법을 알게 되었노라.

눈먼 닭을 통해 이익은 살육이 난무한 당쟁의 시대를 헤쳐 나가는 법을 깨쳤다. 알다시피 그는 당쟁의 와중에 유복자가 되었다. 믿고 의지하던 형 이잠마저도 잃었다. 이익은 한평생 소외된 지식인이었다. 그러나 그는 날마다 책을 읽고 힘써 닭을 치며, 삶의 희망을 발견했다. 자신의 처지를 직시했다.

나는 이익의 「할계전」을 읽으며, 전에 몰랐던 새로운 사실 세가지를 발견했다. 첫째, 이익이 가족의 생계를 돕기 위해 정말 열심히 닭을 쳤다는 것이다. 그는 꼼꼼한 학자답게 닭들의 자그마한 행동까지도 철저히 관찰하고 기록했다. 그리고 자연에 대한 정밀한 관찰과 경험을 바탕으로 실용의 시대에 다가섰다.

둘째, 그럼에도 이익의 가장 큰 관심거리는 도덕적 행동이었다. 닭의 행동을 관찰함으로써, 동물의 생태를 깊이 이해했다고 보기는 어렵다. 그는 동물의 세계에서조차 유교적 덕성이 응분의 보상을 받는다는 사실을 확인했다. 이런 이익이 유교적 이념에서 탈출하기를 바랄 수는 없는 일이었다.

셋째, 하지만 이익은 대다수의 성리학자들과는 근본적으로 달랐다. 그들은 사물의 위상을 위계적이라 믿었다. 초목과 금수는 아무래도 인간보다는 아래였다. 그러나 이익은 자신의 관찰을 통해, 동물이 인간과 근본적으로 다르지 않다고 보았다. 말하자면 물성(物性: 동물의 본성)이 인성(人性)보다 못할 이유가 없다고 확신했다. 「할계전」은 '인물성동이론(人物性同異論)'에 관한 이익의 답변이었다.

18세기 후반 송시열의 제자인 노론학자들 사이에서 한 가지 흥미로운 논쟁이 일어났다. 인성과 물성의 같고 다름을 둘러싼 학문적 논쟁이었다. 그 중심에 '호론(충청도 측 주장)'과 '낙론(서울 측 주장)'이 있었다. 낙론은 인성과 물성은 특별히 서로 다를 것이 없다고 보았다. 외암(巍巖) 이간(李柬)이 대표적인 학자였다.

반면에 충청도의 노론을 대표하여 남당(南塘) 한원진(韓元震)은 양자의 차이를 강조했다.

이익은 사실상 이간의 낙론을 지지한 셈이었다. 낙론은 홍대용 (洪大容)에게 이어져 전통적인 화이론(華夷論)을 부정하게 되었다. 즉 오랑캐(夷)와 중화(華)의 본질적 차이를 인정하지 않음으로써, 서양 문명을 받아들이는 데 이념적 장애를 극복하기에 이르렀다. 성호 이익은 북인에 가까운 남인이었다. 그는 이간이나 홍대용과 당파는 달랐어도, 그들의 생각에는 공통점이 있었다. 이것이 결국에는 북학파의 개화사상으로 피어났다.

실학자 이익의
가난 구제법

올해 여름(1756년, 영조 32)은 집집마다 백성들이 굶주림을 면치 못해, 그저 죽지 않고 살아남은 것이 다행이라고 말들 합니다. 이웃까지 구제할 여력이 어디 있겠습니까? 경전 말씀에, 윗사람이 고아를 돌봐주면 백성들도 서로 저버리지 않는다고 하였지요. 지금의 형편을 감안하면, 윗사람이 남의 어린아이를 잘 보살펴주면, 백성들도 자애로운 마음을 가질 것이라고나 할지요. (『성호전집』 제26권)

실학자 성호 이익이 제자에게 보낸 편지의 한 구절이다. 수신 자는 안정복, 그는 『동사강목』으로 후세에 유명해진 선비다. 그런데 아마도 스승은 유교 경전의 틈새로 파고들 뜻이 있었던 모양이다. 편지는 다음과 같이 이어진다.

"자애로운 마음이 격려를 통해 일어나기란 어렵습니다."

"사람들을 구제하기란 성인에게도 어려운 일이었지요. 가난한 사람들이 어찌 실천에 옮길 수 있겠는지요? 성인의 말씀은 뜻이 깊어, 무궁한 의미가 담겨 있지 않은가, 거듭 생각해봅니다."

이익은 경전에 실린 주장이라도 액면 그대로 받아들이기를 늘 주저했다.

18세기 조선에는 형편이 어려운 사람이 많았다. 가난에 시달리는 선비도 많았다. 그들은 하루 세 끼 식사도 제대로 해결하지 못했으나, 양반으로서 체통을 잃지 않으려고 안간힘을 썼다. 빚을 져가면서까지 그들은 봉제사(奉祭祀: 제사 모심)와 접빈객(接賓客: 손님 대접)에 최선을 다했다. 특히 주자가 주를 단 『가례(家禮)』의 내용이라면 토씨 하나도 놓치지 않았다. 봉제사와 접빈객으로 인한 사회적 폐단이 심각했다. 허례와 허식으로 인한 과다 지출이 가족의 삶을 위협했다. 그들은 조상이 물려준 재물을 탕진하고 빚더미에 깔렸다. 나중에는 조금 부유한 친척에게 기대어 살았다. 대대로 이런 추세가 계속될 경우 양반층의 연쇄적인 파산을 걱정해야 할 정도였다.

하지만 실학자 이익은 철저한 고증작업을 통해 『가례』의 신화에 맞섰다. 그는 다름 아닌 주자의 저서를 샅샅이 뒤져 자신의 견해를 뒷받침하는 구절을 찾아냈다. 주자 역시 『가례』에 나열된 열다섯 가지 제수를 낭비로 여겼다.

주자의 말은 이랬다. "(제수는) 집안의 경제적인 형편에 따라야 한다. 한 그릇의 국과 한 그릇의 밥이라도 정성을 다할 수 있다."

주자의 본의까지 확인한 마당이라, 이익의 생각에 날개가 달린 셈이었다. "상례나 제례와 같이 큰일(大事)이라도 반드시 규모를 줄이고 절약에 힘써야 됩니다."

이익은 사랑하는 제자 안정복에게 속생각을 자세히 말했다.
"벼슬이 없는 사람(庶人)까지 『가례』에 명시된 예법을 반드시 지켜
야 하는 것은 아닙니다."

사실 이익은 사당에다 4대 조상의 신주를 모시는 일도 공자에
게는 낯선 풍습임을 확인한 바였다. 또 한식과 추석 등 4대 명절
의 제사며 무덤제사(墓祭)도 훗날에 만들어진 전통임을 깨달았다.

그리하여 그는 자신의 확신을 제자에게 알렸다. "군자는 인의
(仁義)를 소중히 여기고 재화를 천시합니다. 허나 재화가 없어서
망하기도 합니다. 하물며 보통 사람들이야 어떠하겠습니까? 『가
례』를 보완할 때는 이런 뜻을 기억해야겠지요."

조선의 법전 『경국대전』을 살펴보면 사대부의 제례는 간소했
다. 국가가 사대부 집안을 위해 토지를 지급한 적도 없었다. 또
벼슬 높은 사대부 가문이라도 재산의 규모는 차이가 심했다. 그
런 점에서 국가가 제례의 규모를 성대하게 정하지 않은 것은 옳
은 일이었다. 이러한 법의 취지를 이익은 십분 이해했다.

제사 지낼 물건도 아끼는 마당에 자신의 밥상을 풍성하게 차
릴까? 이익은 절약을 고집했다.

나의 식사는 밥과 국, 고기 한 접시, 채소 한 접시로 국한한다. 형편이
나쁘면 더 줄여야 맞다. 만일 잘살게 된다 해도 더 늘릴 수는 없다. 내
자손들은 대대로 이 법을 따르기 바란다. (『성호사설』 제11권)

오늘따라 마침 풍성하게 차려진 저녁 밥상을 받아놓고 이익의

뜻을 잠시 헤아려본다. 이익이 소박한 밥상을 강조한 것은 단순히 그의 성품이 담박했기 때문만은 아니었다. 그때는 벼슬을 하지 못한 양반이 넘쳐나던 시대였다. 절약과 검소한 생활은 결코 개인의 미덕에 그치지 않았다. 그것은 사회를 더욱 혼란에 빠뜨린 부정부패의 고리를 차단하는 방법인 동시에, 궁핍한 민생을 회생시키는 첩경이었다. 이익의 실학사상은 상공업을 중심으로 한 경제성장 이론과는 거리가 멀었다. 그는 유교적 가르침에 따라 근검절약에 철저할 것을 촉구했다.

정약용은 왜 아들이
의사가 되는 것을 반대했을까

다산(茶山) 정약용(丁若鏞, 1762~1836)이 누구인가. 조선 후기 최고의
실학자다. 시대의 양심이자 진보와 개혁의 상징이다. 그러나 꼭
그렇게만 볼 일이 아니다. 그의 언행에도 시대의 조류를 거스르
는 점이 있었다.

1810년 봄, 정약용이 유배지 강진에서 큰아들 정학연(丁學淵,
1783~1859)에게 보낸 편지를 나는 떠올리고 있다. 그때 정약용의
나이 49세였다. 유배된 지 어언 10여 년, 세월의 풍파 속에 그의
몸은 이미 상했다.

나는 지금 풍병으로 사지를 쓰지 못한다. 오래 살 것 같지가 않구나.
그저 단정히 앉아 섭생에 힘쓴다면, 혹시 수명을 조금 연장시킬 수 있
을까. (『다산시문집』 제18권)

입을 다물려 해도 절로 침이 흘러내렸고, 왼쪽 다리가 마비되

어 걷기 어려웠다.

편지를 읽어 내려가다 보면, 병든 아버지가 아들을 심하게 질
책하는 대목이 있다.

네가 갑작스레 의원(醫員) 노릇을 한다는 소문이 들려온다. 이게 도
대체 무슨 일이냐? 무슨 잇속이 있어 그러는 것이냐? 알량한 의술을 통
해 고관들과 사귀고, 그리하여 너는 이 아비가 풀려나기를 바라기라도
한다는 말이냐? 옳지 못한 일이다.

큰아들은 의술에 조예가 깊었다. 그는 의술을 통해 권력자들
에게 줄을 댈 심산이었던가 보다. 그렇게라도 해서 병든 아버지
가 돌아오기를 바란 것이었다. 정약용은 아들의 효심을 알았으
나, 짐짓 모르는 체했다.

겉으로 덕을 베푸는 척한다는 말이 있다. 저들은 그저 입술만 움직
여, 너를 기쁘게 만든 것이다. 돌아서서 너를 비웃을 사람들이라는 것
을 너는 아직도 모르겠느냐? 그들의 얕은 술수에 속고 말다니, 어찌 그
것이 어리석은 노릇이 아닐까?

아버지가 보기에 상대방은 도덕성이 결여된 사람들이었다. 천
하에 다시없는 보배를 가지고 애원한다 한들 될 일이겠는가. 이
처럼 되묻는 정약용의 글에는 권세가를 향한 원망이 묻어난다.

그러나 그런 분노가 이 편지의 요체는 아니다. 정약용은 큰아

들이 의원 노릇을 하는 것 자체를 못마땅해했다. 아들이 의료행위로 돈을 버는 것이 싫었던 것인데, 에둘러 반대의사를 표시했을 뿐이다. 아버지의 진심은 곧 드러난다.

너는 지금 소문을 내고, 문을 활짝 열어놓았다. 그리하여 온갖 사람들이 날마다 거리를 메우며 찾아온다. 물고기 떼도 같고 짐승 떼도 같은 한량과 잡배들이건마는 너는 내력도 묻지 않는다. 그들의 근본과 행실도 모르면서 방금 만난 사람들을 마치 오랜 친구처럼 대하다니!

도대체 이 무슨 변고인가? 내게도 들을 귀는 있느니라. 만약 그 버릇을 당장 고치지 않는다면, 너와 왕래를 끊어버리겠다. 아마 죽어도 나는 눈을 감지 못하리라. 내 말을 절대 잊지 마라. 다시는 이런 말을 되풀이하고 싶지 않구나.

결국 정학연은 의원의 길을 포기했다. 절규와 애원으로 가득한 아버지의 분부를 어찌 거스르겠는가.

그런데 말이다. 18세기 후반 서울에는 상당수 의원들이 개업해서 재미를 톡톡히 보았다. 그들 중에는 내세울 만한 전공 분야가 없는 일반의가 대다수였다. 허나 한 분야에 정통한 요즘의 전문의 같은 의원도 제법 있었다. 또 그때는 초보적인 수준에서나마 의약 분업도 이뤄졌다. 느린 속도로나마 의약업은 전문직으로서 당당한 위치를 확보하고 있었다.

이런 사회 변화를 정약용은 이해하지 못했다. 세상은 의약업을 부자가 되고 유명해지는 지름길로 인정하고 있었으나, 그는 여전히 농업 중심의 전원적인 사회질서를 꿈꾸었다. 그리하여 그는 의학에 소질도 있고 개업 의지도 완강했던 큰아들의 앞길을 가로막았다. 정약용은 아들에게 유교 경전과 역사책에 정통한 선비가 되라고 강요할 뿐이었다. 후세가 '실사구시(實事求是)'의 화신으로 기리는 위인도 세상물정에 깜깜한 구석이 있었다.

흔히 우리는 '실학자'라면 유럽의 근대적 이념과 사상을 당장에라도 받아들일 사람들처럼 간주하는 경향이 있다. 그들의 사고방식은 자본주의에 가깝고, 자연과학에도 이해가 깊어 금세 산업화에 동의했을 것으로 지레짐작하는 것이다. 그것은 착각일 뿐이다. 정약용의 경우에서 확인할 수 있듯, 17~18세기 실학자들은 근본적으로 유학자였고, 자급자족을 우선시하는 농업주의자였다. 상업과 수공업의 중요성을 강조했다 하더라도, 그것을 국가경제의 중심으로 여기지는 않았다. 이것은 누구도 피하지 못한 그 시대의 명백한 한계였다.

4차 산업혁명으로 온 세상이 떠들썩하다. 많은 말이 오고 가고, 하루가 다르게 세상이 변하고 있다. 하지만 4차 산업혁명이 어떤 모습으로 우리에게 다가올지는 누구도 정확하게 예측할 수 없다. 미래는 언제나 불확실하기 마련이다. 천하의 '진보적' 지식인 정약용이었으나, 그 역시 세상이 어떻게 변할지를 몰랐다. 공연한 아버지의 고집 때문에 의사의 길을 포기한 아들 정학연의 재능이 아깝지 않은가.

이순신,
예민한 감성의 소유자

1592년(선조 25) 5월 23일(음력 4월 13일), 도요토미 히데요시(豊臣秀吉)는 20만 대군을 보내 조선을 침략했다. 전쟁을 시작한 지 얼마 되지 않아 히데요시는 자신의 어머니에게 편지를 보냈다.

어머님, 우리 군은 곧 조선을 완전히 정복할 것입니다. 이번 추석이 되기 전에 명나라 수도까지도 손에 넣을 수 있을 것으로 봅니다.

그러나 의기양양했던 히데요시의 얼굴은 찌푸려졌다.
조선에는 그의 야욕을 좌절시킨 한 장수가 있었다. 이순신(李舜臣, 1545~1598)이었다. 왜군은 속전속결을 원했고, 그러려면 수륙양면작전이 필수적이었다. 이순신은 일본 측의 전략을 정확히 간파했다. 이순신이 거느린 조선 수군은 전술과 전력 면에서 왜군을 압도했다. 일본의 침략전쟁은 장기화되었고, 히데요시는 애초의 목적을 달성하지 못한 채 숨을 거두었다.

침략전쟁이 끝나고 일본의 지도층은 서애(西厓) 유성룡(柳成龍, 1542~1607)의 『징비록(懲毖錄)』을 입수했다. 이 책은 일종의 수기(手記)다. 임진왜란이 끝난 뒤 유성룡은 벼슬에서 물러나 한가로이 지내며, 1592년에서 1598년까지 7년간의 끔찍한 전쟁을 회상하며 이 글을 썼다. 현재 국보 제132호로 지정되어 있다.

'징비'란 『시경』의 소비편(小毖篇)에, "내가 징계해서 후환을 경계한다(予其懲而毖後患)"라는 구절에서 딴 것이다. 유성룡은 이 책의 서문에서, "지난 난중(亂中)의 일을 생각할 때마다 황송스러움과 부끄러움에 몸둘 바를 몰랐다"라고 고백했다. 당시 그는 영의정으로서 국정의 중심에 있었다. 그런 그가 기억을 더듬어 사안별로 정리하고, 관련 기록까지 첨부한 것이라 대단히 귀중한 자료로 평가된다.

1695년(숙종 21), 이 책은 일본 교토(京都)에 있는 야마토야(大和屋)에서 다시 간행되었다. 그 정도로 이 책에 대한 일본인들의 관심이 높았다. 1712년(숙종 38), 숙종은 『징비록』의 일본 유출을 엄금했다.

이 책을 읽고 나서 일본인들은, 자신들의 침략전쟁이 이순신의 해상방어 작전에 걸려 좌초했다는 사실을 정확히 인식했다. 그들은 이순신의 실체를 궁금하게 여겼고, 그래서 더 많은 정보를 모으기 시작했다. 어려운 일이 아니었다. 18세기 일본인들은 조선사회에 관한 지식과 정보를 체계적으로 수집하고 있었다. 조선에서 유행하는 소설책을 사들이는 것은 물론이고, 화가들에게 돈을 주어 조선의 산과 들에 서식하는 식물과 동물의 세밀화까지 그리게 할 정도였다.

알고 보니, 명장 이순신은 인격적으로도 흠결이 없는 훌륭한 인간이었다. 상당수 일본인들은 이제 이순신을 '영웅'으로 숭배하기 시작했다. 내가 확인한 일본 측의 자료에는 심지어 이런 구절도 있었다. 1591년(선조 24) 이순신이 전라좌도수군절도사에 임명되자 "영웅, 발탁되다"라고 기록하는 식이었다. 일본 측에서 작성한 임진왜란에 관한 기록은 대부분 조선에 대한 무시와 혐오의 감정으로 가득 차 있었다. 그러나 일부 기록은 무인 이순신의 활동을 꼼꼼히 기록하며 칭찬을 쏟아놓았다. 일본의 무사, 곧 사무라이들의 관점에서 볼 때, 이순신이야말로 이상적인 무사였기 때문이다.

한 사람의 역사가로서 나는 벌써 여러 해째 이순신에 관한 연구를 하고 있다. 당연히 처음에는 전쟁영웅으로서 그의 모습이 눈에 들어왔다. 다음에는 그때 전쟁에 개입한 일본과 중국에서는 이순신을 어떻게 보았는가, 하는 점이 관심을 끌었다. 지금은 인간 이순신의 모습을 바라보느라 여념이 없다.

이순신은 무인이었으나 전형적인 선비의 모습을 가지고 있었다. 그는 문장의 미학을 추구했고, 예민한 감성의 소유자였다. 일반이 짐작하는 것과 달리, 그는 불안에 시달리며 불면의 밤을 보낼 때가 많았다. 이순신은 여느 선비처럼 편지 쓰기와 일기 쓰기를 즐겨했는데, 자신의 감정을 숨기지 않고 드러낼 때가 많았다. 『난중일기』에는 조정에 대한 불신과 상관과 동료에 대한 날카로운 비판이 적지 않았다.

또 이순신은 조정의 여러 대신들에게 수많은 편지를 보냈다.

단순히 그들과 친선관계를 유지하기 위한 것은 아니었다고 생각한다. 편지와 선물을 통해서 이순신은 멀리 남해안의 최전선에 떨어져 있는 자신의 처지를 설명한 것이 틀림없다. 그는 자신에 대한 조정의 이해와 지원을 강화하기 위해 편지라는 수단을 적극적으로 이용했던 것으로 보인다. 조정에 포진해 있는 여러 당파를 상대로 일종의 '정치적 로비'를 벌였던 셈이다. 이것은 조선의 전형적인 무인에게서는 기대할 수 없는 특별한 행동이요, 전략이었다.

이순신에게는 눈물이 많았다. 전쟁터에서 그의 모습은 강철 같았으나, 가족을 그리워하며 애태우는 인간적인 모습은 달랐다. 그는 꿈속에서도 돌아가신 아버지를 그리워하며 홀로 눈물짓는 착한 아들이었다. 고향 집에 두고 온 병든 아내 생각에 잠을 이루지 못하고 엎치락뒤치락하는 남편이기도 했다. 아들과 딸에 관한 일이라면 자그마한 잔병치레에도 안절부절못하는 인정 많은 아버지가 이순신이었다.

1597년(선조 30) 정유재란 때 이순신의 집안에 큰 재앙이 닥쳤다. 그의 셋째 아들 면(葂)이 아산의 본가에서 왜군과 싸우다 전사했다. 그때 아들의 나이 스물한 살이었다. 이 비통한 소식이 도착하기 전, 이순신은 꿈에서 비극의 전조를 보았다.

밤 2시쯤 꿈속에서 나는 말을 타고 언덕 위로 올라가는데, 말이 발을 헛디뎌 냇물 속으로 떨어졌다. 쓰러지지는 않았으나, 막내아들 면이 끌어안은 것 같았다. 이게 무슨 징조인지 모르겠다. (······) 저녁때 천안에서 온 사람이 집안 편지를 가져왔다. 봉투를 뜯기도 전에 뼈와 살이 떨리고 정신이 아찔하며 어지러웠다. 대강 겉봉을 뜯고 열(예와 동일인)의 편지를 꺼냈다. 겉면에 '통곡' 두 글자가 있었다. 면이 전사했음을 직감했다. (『난중일기』, 1597년 10월 14일)

아버지는 아들을 여읜 슬픔을 걷잡을 수 없었다.

새벽꿈에 고향의 남자종 진이가 왔다. 나는 죽은 아들을 생각하며 통곡했다. (……) 저녁때 코피를 한 되가량 쏟았다. 밤에 앉아서 생각하다 눈물이 절로 났다. 이 아픔을 어찌 말로 다하랴! (……) 비통한 가슴 찢어질 듯하여 참지 못하겠다. (『난중일기』, 1597년 10월 19일)

슬픔은 그의 꿈속까지 자주 따라다녔다.

꿈속에서 면이 죽는 광경을 보고 구슬프게 울었다. (『난중일기』, 1597년 11월 7일)

이순신의 마음을 헤아리다 보면, 세월호 참사(2014년 4월 16일)를 당한 부모님들의 얼굴이 겹쳐 보인다.

어느새 간담이 떨어져 목 놓아 통곡하고 또 통곡했다. 하늘이 어찌 이다지도 인자하지 못하신가. (……) 내가 죽고 네가 사는 것이 이치에 맞는 일이거늘. 네가 죽고 내가 살다니. 이런 어그러진 일이 어디 있느냐. 천지가 깜깜하고 태양조차 빛이 변했구나. 슬프다, 내 아들아! 나를 버리고 어디로 갔느냐? (……) 너를 따라가 지하에서라도 같이 지내며 같이 울고 싶구나. 그리하면 네 형들과 네 누이, 네 어머니가 의지할 곳이 없을 테지. 아직 참고 살아야 한다마는 마음으로는 이미 죽고 껍데기만 이렇게 남아 울부짖는다. 이렇게 울부짖는다. 오늘 하룻밤을 보내기가 1년 같구나." (『난중일기』, 1597년 10월 14일)

슬픔에 젖어 애태우던 이순신은 아들이 숨을 거둔 지 1년여 만에 노량해전에서 세상을 등지고 말았다. 부모는 누구나 제 나름으로 자식을 사랑하기 마련이다. 하지만 이순신처럼 정이 깊은 이는 그리 흔치 않을 것이다.

나 같은 사람은 자신의 부족함을 돌아보지 않은 채, 자식을 가르치려 들다 낭패하는 때가 있다. 아마 이순신에게는 그런 일이 결코 없었을 것이다. "절조를 지키며 몸가짐을 꼿꼿하게 견지한 것을 보면, 마치 석벽(石壁)이 높다랗게 우뚝 서 있는 것 같았다"(이식, 「통제사증좌의정이공시장」, 『택당선생별집』 제10권)라는 후세의 평도 있다. 이순신은 자신에게는 한없이 엄격했으나, 집안에서는 정이 넘치는 훈훈한 아버지였다.

이순신이라면 누구나 다 잘 아는 한 시대의 영웅이다. 그러나 실은 우리가 잘 몰랐던 이순신이 있었다. 그는 숱한 전쟁터에서 승리를 거둔 장군이었을 뿐만 아니라, 다정한 아버지요, 예민한 감성과 날카로운 전략을 종횡무진으로 구사한 한 사람의 선비였다.

정치 때문에 꼬인
영의정 여성제의 결혼생활

숙종 때 영의정을 지낸 운포(雲浦) 여성제(呂聖齊, 1625~1691)라는 선비가 있었다. 그는 소론의 중심인물로, 일찌감치 문명(文名)이 높았다. 그런데 그의 일생에는 석연치 않은 얼룩이 있었다. 기구했던 그의 결혼생활이 문제였다.

여성제는 열여섯 살에 금천 강씨 댁 규수와 백년가약을 맺었다. 처가는 굴지의 명문가였다. 아내는 좌의정 강석기(姜碩期)의 손녀이자 소현세자비, 곧 강빈(姜嬪)의 친정조카였다. 허나 강씨들에게 액운이 닥쳤다. 1646년(인조 24) 3월, 강빈은 뜻밖의 옥사로 목숨을 잃었다. 강빈이 국왕 인조를 저주했다는 둥, 왕의 식사에 독약을 넣으려 했다는 둥, 흉흉한 말이 떠돌았다. 뚜렷한 증거가 없었음에도 인조는 며느리인 강빈을 죽이고 말았다. 여성제의 처가가 단숨에 풍비박산되었다.

그 와중에 여성제는 이혼을 결심했다. '죄인 집안의 딸과는 함께 살 수 없다.' 그는 인조에게 글을 올렸고, 이혼을 허락한다는 왕명이 떨어졌다. 이런 일은 역사상 전례가 없는 일이었다. 내가 과문한 탓인지는 몰라도, 처가 집안이 정치적으로 몰락했다고 해서 아내까지 버렸다는 얘기를 일찍이 듣지 못했다. 여성제의 정치적 선택은 참으로 예외적인 경우였다.

여성제는 바로 새장가를 갔으나, 후처는 1년도 못 가 사망했다. 다시 70년 세월이 흘렀고, 강빈의 억울함이 밝혀졌다(1717). 영의정 김창집(金昌集)의 청원에 따라 숙종은 죽은 강빈의 무죄를 선언했다. 그때 옥사에 연루된 사람들도 전원 신원되었다. 그러자 일부 대신들은 여성제와 강씨의 재결합을 주장했다. 숙종이 이를 허락하면서, 이미 세상을 떠난 두 사람은 다시 부부가 되었다.

이 사건은 많은 사람들의 관심을 끌었다. 19세기의 명재상 이유원(李裕元)은 사건의 전말을 기록할 정도였다. 그는 이름난 문장가였고, 구한말 신흥무관학교를 세운 이회영(李會榮)은 그의 후손이다. 오늘날 그의 집안은 '노블레스 오블리주'의 대명사가 되었다. 이유원은 이렇게 기술했다.

전처로 후처를 제사 지낸 이가 있다. 여상국(呂相國, 여성제)의 전처가 그러했다.

여성제는 재상 강석기의 딸에게 첫 장가를 갔으나 강석기가 강빈옥사에 연루되어 죽었다. 그러자 여공은 전처와 헤어져, 새장가를 갔다. 나중에 옥사의 억울함이 드러나자, 여공은 전처인 강씨를 데려다 후처와 함께 살았다. 후처가 먼저 사망했으므로, 전처가 후처의 제사를 모

셨다. (『임하필기』 제28권)

이유원의 이 글에는 몇 가지 오류가 발견된다. 첫째, 여성제의 장인은 강석기가 아니고, 그 아들 강문성이었다. 둘째, 강석기가 죽은 것은, 강빈옥사가 일어나기 3년 전이었다. 셋째, 여성제는 전처 및 후처와 함께 산 적이 없었다. 후처는 결혼한 지 얼마되지 않아 죽었다. 게다가 그가 강씨 부인과 재결합한 것도 사후 20년쯤 지나서였다. 따라서 그의 전처가 후처의 제사를 지냈다는 것은 말이 안 된다.

이유원은 19세기를 대표하는 문인이었다. 그의 『임하필기』는 세인이 주목한 일종의 역사수필이다. 그러나 그 가운데는 전후관계가 잘못된 역사 서술도 없지 않다. 모든 기록은 철저한 비판을 토대로 평가되어야 한다. 제아무리 이름난 문인의 글이라도 예외가 될 수 없다.

붕당정치는 17세기 조선 사회를 멍들게 했다. 여성제의 이혼과 재결합이라는 해프닝의 이면에도 정치적 혼란이 있었다. 여성제의 이혼처분을 주도한 사람은 예조판서 조경(남인)이었다. 또 그들 부부의 재결합을 주도한 것은 소론이었다. 소론의 영수인 윤증(尹拯)조차 여성제 부부의 사후 재결합을 지지할 정도였다. 정치적 소용돌이가 워낙 심해, 이미 고인이 된 개인의 결혼생활도 그 영향을 받았다!

그의 이혼에 결정적 동기를 부여한 것은 강빈 사건이었다. 이사건에 대한 인조의 처분을 수정한 것은 김창집 등의 노론 대신들이었다. 그런데 강씨 일가의 무죄가 선언되자, 소론인 윤증 등이 당파적 이익을 위해 이용한 것이다. 그들은 자파의 중심인물인 여성제의 사후 재결합을 추진했던 것이다.

노론은 그들의 재결합을 내심 반대했다. 그러나 당시 정치적 실권을 차지한 것은 소론과 남인의 연합정권이었다. 결과적으로 여성제 부부의 사후 재결합이 성사되었다.

당파의 이해관계를 벗어나기는 어렵다. 그래도 사리의 옳고 그름을 중시하는 선비들이 있었다. 『숙종실록』의 편찬자는 이렇게 적었다.

여성제는 이혼을 자청하며 출세를 꾀했다. 많은 선비들이 그를 못마땅하게 여겼다. 생전에 이혼하여 이미 그들의 부부관계는 끊어졌다. 억지로 그 둘을 다시 합쳐 부부로 만들었으니 어이없는 일이다.

이런 기록을 남긴 것은 물론 노론 측이었다. 재집권에 성공한 노론은 이 사건에 대한 비판적 견해를 역사에 뚜렷이 남긴 것이다. 권력의 향방이 어떻게 바뀌느냐에 따라 동일한 사건에 대한 기록과 인식이 춤을 추었다.

훗날 19세기 후반, 이유원이 『임하필기』에서 이 사건의 전모를 제대로 파악하지 못한 채, 몇 가지 오류를 범한 것도 실은 당파적 편견을 보인 것이었다. 이유원은 소론의 영수였다. 그리하여 노론 측이 남긴 기록을 제대로 살피지 않았다. 당쟁의 폐해가 실로 심각하지 않은가.

이 모든 것을 떠나서, 더욱 근본적인 문제가 이 사건의 바탕에 깔려 있었다. 연좌제라는 폐습이었다. 애초 여성제는 그로 인한 피해가 두려웠기에 이혼을 주장했던 것이니까 하는 말이다. 일찍이 성호 이익은 연좌제의 야만성을 날카롭게 비판했으니, 시대를 앞선 탁견이었다.

2장

선비 정신은 어디서 오는가

선비의 내면을 지배한 정신은 무엇이었을까? 외부의 어떠한 압력에도 굴하지 않는 선비의 꼿꼿함은 어디에서 유래한 것일까? 선비다움은 과연 무엇을 통해 어떻게 형성된 것이었을까? 대답하기 곤란한 질문이다. 그러나 선비에 관해 말을 꺼낸 이상, 피할 수 없는 질문이기도 하다.

　나름대로 답을 찾기 위해, 나는 여섯 명의 선비를 뇌리에 떠올렸다. 첫째는 진정한 의미에서 최고의 선비라고 평가해도 좋을 의사(義士) 안중근이다. 그는 어린 시절부터 '독서'를 통해 선비의 기운을 배양했다. 그리하여 30대 초반의 젊은 나이에 대의(大義)를 위해 자신의 목숨을 초개처럼 버릴 수 있었다. 안중근은 옥중에서도 '동양평화론'을 집필하다가 순국했다.

　의사 안중근의 어머니 조마리아는 우뚝한 '여사(女士)', 곧 여성 선비였다. 그 어머니가 있어 그 아들이 존재할 수 있었던 것이다. 역사를 살펴보면, 이 세상에는 학문과 공적으로 큰 이름을 남기지 못한 사람들 가운데도 올곧은 선비들이 많았다. 조마리아 여사도 바로 그런 경우였다고 믿는다.

　두 번째는 16세기의 역관 홍순언이다. 그는 조선의 역관, 즉 통역관이었다. 중인이란 특수한 신분이었다. 선비와 거리가 멀다고 생각할 사람들도 있을 테지만 그렇게 쉽게 단언할 일이 아니다. 그의 언행에서 분명히 확인되었듯, 홍순언은 끊임없는 독서와 수양으로 스스로를 연마한 선비 중의 선비였다. 아마 조선시대의 많은 중인들이 그와 흡사했을 것이다.

　세 번째는 임진왜란 당시 '홍의장군'으로 이름을 떨친 의병장 곽재우다. 그의 지조와 기개는 늠연(凜然)했다. 그렇게 말해도 좋을 것이라 생각한다.

망우당(忘憂堂) 곽재우는 공의(公義)의 길만을 추구했다는 점에서 선비의 전형이라 하겠다.

네 번째는 조선시대를 대표하는 언관(言官)이자 청백리(清白吏)로 이름을 떨친 휴암 백인걸이다. 조광조의 제자였던 그의 문하에서는 우계 성혼과 율곡 이이 등의 걸출한 선비들이 나왔다. 노년에도 백인걸은 손에서 책을 놓지 않았고, 기회주의자들을 조정에서 축출하기 위해 많은 노력을 기울였다.

다섯 번째는 여성 선비 송덕봉이다. 그녀는 이 책에 등장하는 백인걸과 김인후의 친구 유희춘의 아내였다. 송덕봉은 남성 중심의 유교 사회에서는 보기 드문 여성 지식인이었다. 그녀가 남편에게 보낸 한 장의 편지를 통해서 16세기 여성의 삶을 잠시 들여다보자.

끝으로, 현대의 선비로 손꼽아야 할 이가 있다. 심산 김창숙이다. 심산은 구한말의 풍운 속에서도 외롭고 의로운 선비의 길을 걸어갔다. 그는 조선의 뜻있는 선비들과 함께 나라의 독립을 회복하기 위해 사투를 벌였다. 나라가 해방된 뒤에도 세상을 변화시키고자 하는 그의 의지는 변하지 않다. 김창숙은 일제의 고문으로 이미 불구가 되었음에도 노구(老軀)를 이끌고 반(反)독재투쟁에 앞장섰다.

안중근 의사를 키운
독서의 힘

안중근(安重根, 1879~1910) 의사는 한국인이면 누구나 다 아는 애국 지사다. 그는 풍전등화 같았던 조국의 운명을 구하기 위해 1909 년 10월 26일 하얼빈 역전에서 한국 민족의 이름으로 우리의 숙 적 이토 히로부미를 척살했다. 그러나 안중근 의사는 결코 폭력 을 좋아하는 테러리스트가 아니었다. 그는 가슴에 깊은 인문 교 양을 쌓은 독서인이었다. 많은 시민들은 안중근이 뤼순 감옥에서 죽음을 앞두고 쓴 한 구절의 감명 깊은 글귀를 보았을 것이다.

"일일부독서(一日不讀書)면 구중생자극(口中生刺棘)"이라 했다. 아 는 바와 같이 이 말씀은 『명심보감』 같은 동양의 고전에 나오는 말씀이다. 하루라도 책을 읽지 않으면 입안에 가시가 자라난다 는 뜻이다. 어느 날이든지 사람은 반드시 책을 읽고, 자신의 생각 과 행위를 돌아보지 않으면 아니 된다는 말씀이다. 이 한마디의 말씀을 보아도 안중근 의사가 독서를 소중히 여기는 한 사람의 선비였음을 알 수 있다.

그가 날마다 독서를 게을리 하지 않았다는 사실은 매우 중요하다. 그는 독서를 통해 사물의 이치를 깨달았고, 세상의 흐름을 읽었으며, 뜻있는 사람으로서 나아갈 바를 자각했다. 이 때문에 그는 한 나라의 고관이 아니었으나, 나라의 운명을 스스로 걸머지겠다는 대단한 생각을 품게 된 것이다. 책을 읽지 않았더라면 그처럼 원대한 뜻을 품지 못했을 것이고, 설사 잠시 비분강개한 마음을 가졌다 하더라도 목숨을 버려가면서까지 애국심을 행동으로 옮기지는 못했을 것이다. 책이 사람을 만드는 법이다.

안중근 의사는 옥중에서도 매일 글을 읽고, 쓰며, 자신의 마음을 갈고닦았다. 그는 생의 마지막 순간까지 '동양평화론'이라는 미완의 글을 집필하고 있었다고 한다. 책을 다 쓰기 전에 형장으로 끌려 나갔기 때문에 끝내 완성하지는 못했다. 그러나 현재 남아 있는 글만 보아도, 안중근 의사의 뜻을 대강 짐작할 수 있다. 그는 한국, 일본, 중국을 하나의 연방으로 만들어 서구 열강의 침략에 대항하는 한편, 동양 삼국이 서로 평화를 보장하며 공동 번영의 길로 나아가기를 염원했다. 그리하여 동양의 평화를 실현할 수 있는 원대한 계획을 생의 마지막 순간까지 한 치의 흔들림도 없이 치밀하게 구상했다.

평범한 사람이 도달할 수 있는 경지가 아니었다. 보통 사람 같으면 이토 히로부미를 증오할 수는 있었겠으나 사살하는 데 이르지 못했을 것이요, 운 좋게 그를 죽일 수 있었다 하더라도 일제의 모진 고문과 회유책에 의해 처음 뜻을 버리고야 말았을 것이다. 안중근 의사를 전향시키기 위해 일제가 얼마나 간교한 꾀를 냈을지는 굳이 그 내막을 알아보지 않아도 능히 짐작할 수 있는 일이다. 또한 일제가 얼마나 혹독하게 안중근 의사를 으르고 고문했을지도 빤한 일이다. 그러나 안중근 의사는 미동도 하지 않았다. 그는 한 사람의 젊은 청년에 불과했으나, 심지가 강철같이 굳은 사람이었다. 이것은 결코 인간의 물리적 힘에서 비롯된 것이 아니라, 평소의 독서를 통해 내면을 충실하게 연마한 결과 얻어진 정신의 힘이었다.

우리가 다 아는 바와 같이 조선시대의 많은 선비들은 인생의 마지막 순간까지 충성스러운 마음을 잃지 않았다. 설사 형장에서 모진 고문을 받더라도 거짓으로 자백하지 않았고, 제아무리 간교한 꾀로 회유를 당하더라도 초지일관하여 죽음을 기꺼이 맞았다. 바로 이러한 불요불굴의 혼을 선비의 넋이라고 다들 기렸던 것이다.

사람은 누구나 폭력을 두려워하고 죽음을 피하고자 한다. 인지상정이다. 그러나 우리의 역사를 살펴보면 안중근 의사와 같이 신념을 위해, 나라를 위해 뜻을 꺾지 않은 인사들이 많았다. 멀리는 청나라에 붙잡혀가서도 저들의 황제 앞에서 고개를 굽히지 않고 죽음을 감수한 이른바 '삼학사'가 있었다. 더 가까이는 일제의 모진 취조를 받으면서도 한 마디의 거짓말도 하지 않은 것으로 이름난 도산 안창호 선생이 있었다. 이 모든 분들이 실은 다 안중근 의사였다고 말할 수 있다. 그분들의 이름은 달랐으나, 뜻은 하나였다. 그분들이 그렇게 온전한 마음으로 굽힘이 없는 길을 나아갈 수 있었던 것은 다름 아닌 책의 힘이었다. 책을 사랑하는 사람은 외부의 물리적인 힘 앞에 굽히지 않는 법이다.

서양 사람들도 "펜은 칼보다 강하다"라고 말했다. 독서를 통해 큰 뜻을 세우고, 매일 자신의 언행을 되돌아보는 사람은 동서고금을 막론하고 어느 곳에나 있었다. 그들이 바로 인류의 희망이었다. 이야기가 조금 비장해진 것 같지만, 독서의 힘이란 그런 것이다. 성서를 읽고, 그것을 진리로 수용했기에 순교도 할 수 있고, 전교도 할 수 있었던 예는 인류의 역사 속에 그야말로 부지기수다.

여기서 말하는 책이란 오락을 위한 서적이 아니요, 요리나 가사를 위한 실용적인 서적도 아니다. 돈을 벌기 위한 재테크 책도, 출세하기 위한 처세의 책도 아니고, 일상의 필요를 위한 기술 서적도 아니다. 본디 약하기만 하고, 내버려두면 게으르고 탐욕에 물들기 쉬운 인간을 강철보다 강하게 단련하는 책은 무엇인가? 그것은 우리의 절박한 현실적 요구와는 다소 거리가 있는 책들이다. 이름 하여 인문 서적이라 해도 무방할 것이다. 인간의 도리를 설명하고, 삶의 목적을 말하며, 사람이 사람답게 살아온 내력을 기록한 책인 것이다. 오늘날의 용어를 빌린다면, 문학과 역사와 철학의 책들이다.

남성들만 이런 책을 읽는 것은 아니었다. 조선시대 많은 여성들이 책을 좋아했다. 주로 양반의 부녀자였으나 평민 가운데서도 책을 찾는 사람은 적지 않았다. 그들도 쉽게 읽을 수 있는 한글로 된 책들이 조선 후기에는 넘쳐났다. 바쁜 일상의 짐을 지고 살면서도 여성들은 책을 읽어 남몰래 교양을 쌓았고, 거기서 온

축된 내면의 힘으로 인생의 고난을 헤쳐 나갔다.

조선의 많은 선비 가문이 청렴을 실천한 것은 실상 여성의 힘이었다. 부정과 부패를 멀리하고 의리와 명예를 소중히 여기는 아내와 어머니들이 있었기에 그들의 남편과 자식들은 염치와 절개를 지킬 수 있었다. 그렇게 보아도 전혀 과장이 아니다.

오늘날 우리 사회의 공직자들이 부정과 부패의 수렁에 빠지고만 까닭도 거꾸로 헤아려보면 답이 보인다. 부패한 공직자에게만 문제가 있는 것이 아니다. 그들의 가정에는 청빈을 추구하는 어머니도 없고, 정직과 염치를 아는 아내도 없기 때문에 그와 같이 막되었다고 해도 과언이 아닐 것이다. 물론 그렇다고 해서 모든 것이 여성의 책임이라는 뜻은 아니다. 여성에게 사회적 비리와 모순의 책임을 묻거나 전가하려는 의도는 조금도 없다.

다만 여기서 내가 강조하고 싶은 점이 하나 있다. 안중근 의사 같은 큰 인물의 뒤에는 훌륭한 부모님이 계셨다는 사실이다. 특히 서릿발보다 의로운 어머니가 있었다는 점을 강조하고 싶다. 독서를 통해 교양과 품위를 쌓은 어머니 조마리아 여사가 계셨기에 안중근 의사 같은 큰 인물이 길러졌다는 것이다.

그들 모자와 관련하여 수년 전에 작은 글 하나를 쓴 적이 있다. 여기에 덧붙여둔다.

'동양평화론'을 주창한 안중근은
왜 총을 들었나

"안중근은 테러리스트다."

2014년 봄 일본 정부 대변인 스가 요시히데 관방장관이 그렇게 못 박았다. 일본의 우파 정객들은 다들 그런 생각을 하고 있다. 하지만 안중근이 바란 것은 평화였다. 평화주의자 안중근이 의사(義士)로 생을 마감할 수밖에 없었던 것은 역사의 비극이다.

1909년 10월 26일 오전 9시 40분, 하얼빈역 플랫폼에서였다. 일본의 거물 정치인 이토 히로부미가 러시아의 고위 인사와 만나는 순간이었다. 그때 안중근이 이토를 향해 세 발의 총을 쏘았다.

첫 발을 쏘았을 때는 러시아 군악대의 요란한 음악소리 때문에 총소리가 제대로 들리지 않았다. 두 번째 총성이 울리자 사람들은 비로소 상황이 심상치 않음을 눈치 챘다. 당황한 러시아 군대는 주춤했다. 안중근은 침착하게 세 번째 총탄을 날렸다. 모두 명중했다. 늙은 정객은 땅바닥에 나뒹굴었다. 안중근은 탄창에 남은 세 발을 현장에 있던 일본인 고관들에게 쏘아댔다. 어떤 이는 팔에 맞고, 다른 이는 머리가 깨졌다. 그날의 거사는 완벽한 성공이었다.

이를 확인한 안중근은 권총을 내던지고 "대한국 만세!"를 외쳤다. 그러고는 순순히 오랏줄을 받았다. 일본 경찰은 안중근을 마차에 태워 뤼순으로 이송했다.

○ 이토의 죄상 첫째는 '동양평화 파괴'

"나의 거사 목적은 한국의 독립과 동양평화를 지키는 데 있다."
1905년 이토 히로부미는 한국의 주권을 빼앗아 일본의 보호국으로 만들어버렸다. 이토 히로부미로 대표되는 일본 제국주의자들은 중국 및 러시아와도 잇달아 전쟁을 벌이며, 한중일 3국의 평화를 짓밟았다. 안중근은 그 죄를 물어 이토 히로부미를 처단한 것이었다.

일제의 취조가 시작되자 안중근은 주저 없이 자신의 견해를 천명했다. 그는 뤼순 감옥에 이감되자마자 이토의 죄상을 열다섯 가지나 적어서 제출할 정도였다. 그중 첫째는 '동양평화의 파괴'였다. 일제는 안중근을 사형시키기로 결정했다.

그러면서도 저들은 한 가지 흉계를 꾸몄다.

"네 목숨을 살려줄 테니, 공판정에서 조선국왕의 명령으로 이토를 죽였다고 자백하라."

그런 강요에 굴복할 안중근이 아니었다.

"목숨을 아낄 내가 아니다. 목숨이 아까웠다면 애초에 이런 큰일을 벌이지 못했을 것이다."

부질없이 다른 궁리 하지 말고 죽일 테면 어서 죽이라는 질책이었다. 저들은 어쩔 줄을 몰랐다.

몇 해 전부터 안중근은 노령지방에서 의용군을 이끌고 와, 두만강을 넘나들며 일제와 사투를 벌이고 있었다. 그러던 중 이토 히로부미가 러시아와 모종의 협상을 하기 위해 하얼빈에 온다는 소식을 들었다. 안중근은 이를 다시없는 기회로 여겼다. 그는 우덕순, 유동하 등과 협력해 이토 히로부미를 처형하기로 결심했다. 그런데 그때는 대중매체가 아직 제대로 발달하지 못했다. 안중근은 이토 히로부미의 사진조차 제대로 본 적이 없었다. 그럼에도 그는 먼발치에서 이토 히로부미를 정확히 찾아내어 사살했다.

○ 어머니 조마리아 여사의 마지막 편지

1910년 2월 14일 안중근은 1심에서 사형선고를 받았다. 고향에 있던 어머니 조마리아 여사는 비보를 듣고서는 밤새워 아들이 저승길에 입고 갈 명주 수의를 손수 마련했다. 어머니는 그 수의와 함께 한 통의 편지를 뤼순으로 보냈다.

어머니의 편지는 "장한 아들 보아라"로 시작되었다.

네가 어미보다 먼저 죽는 것을 불효라고 생각하면 이 어미는 웃음거리가 될 것이다. 너의 죽음은 한 사람 것이 아니라 조선인 전체의 분노를 짊어진 것이다.

어머니는 아들의 죽음이 대의를 위한 것임을 정확히 인식하고 있었다. 그래서 어머니는 한없이 슬퍼하면서도 자랑스러워했다.

네가 항소를 한다면 그건 일제에 목숨을 구걸하는 것이다. 나라를 위해 딴맘 먹지 말고 죽으라. 대의를 위해 죽는 것이 어미에 대한 효도다.

진정한 우국지사가 아니고는 도저히 흉내조차 낼 수 없는 격절한 말씀이었다.

아마도 이 편지가 어미가 쓰는 마지막 편지일 것이다. 네 수의를 지어 보내니 이 옷을 입고 잘 가거라. 어미는 현세에서 재회하길 기대하지 않으니 다음 세상에는 선량한 천부의 아들이 되어 이 세상에 나오너라.

어머니 조마리아 여사는 애끓는 슬픔을 억눌렀다. 어머니는 그 "장한 아들"이 마지막 가는 길에 죽음마저 무색하게 하는 강단으로 애틋한 사랑을 표현했다. 이런 어머니가 계셨기에 그처럼 의로운 아들도 있었을 것이다.

1910년 3월 26일 오전 10시, 아들은 어머니가 눈물로 지으신 수의를 입고 저승길을 떠났다. 32세였다.

그로부터 10여 년이 지났을 때 조마리아 여사는 중국 상하이로 건너갔다. 백범 김구 선생의 노력이 결실을 맺은 것이다. 청년 시절 백범은 안중근의 부친에게 신세 진 적이 있었다. 백범은 그때의 일을 잊지 않았다. 조마리아 여사는 상하이에서도 애국지사들이 존경하는 어머니였다.

2008년 8월, 한국 정부는 뒤늦게나마 여사의 영전에 건국훈장 애족장을 바쳐 후손의 도리를 실천했다.

○ 한중일 공동의 화폐·안보체제 역설

안중근은 옥중에서 '동양평화론'을 집필했다. 서문(序文), 전감(前鑑), 현상(現狀), 복선(伏線) 및 문답(問答)의 차례로 서술할 계획이었다. 그러나 시일이 촉박하여 글의 완성을 보지는 못했다. 겨우 서문과 전감을 저술하는 데 그쳤다.

서문에서 안중근은 세계가 제국주의에 물든 나머지 약육강식과 적자생존의 잘못된 길을 헤매고 있다고 비판했다. 서구 열강의 침략도 부당하지만, 총칼로 이웃나라를 침략해 식민지로 만들려는 일본 역시 그릇되었다고 그는 호되게 나무랐다.

이어서 그는 '전감'의 지면을 빌려 근대사의 다섯 가지 잘못을 거론했다. 첫째가 청일전쟁의 침략적 성격이요, 둘째는 러시아의 극동정책과 일본의 한반도 침략정책이었다. 셋째로 그는 러일전쟁의 원인을 깊이 통찰했고, 그 일에 관한 서구 열강과 한국의 입장 차이를 밝혔다. 넷째로 러일 강화조약이 왜 미국의 포츠머스에서 체결되어야 했는지를 따졌다. 끝으로, 일제의 대륙 침략이 어떤 점에서 그릇되었는지를 논박했다. 이처럼 안중근은 국내외 정세를 진단하며 동양 3국의 평화를 옹호했다.

'동양평화론'의 저술을 마치지 못했지만 그나마 다행인 것은 작고하기 40일쯤 전에 그가 자신의 평소 견해를 요약 정리할 기회를 가졌다는 점이다.

첫째, 안중근은 뤼순을 영세중립지대로 정하고 거기에 상설위원회를 두어 동양 3국의 분쟁을 방지하자고 했다. 둘째, 이 세 나라가 공동출자하여 은행을 설립하고, 공동 화폐를 발행하여 서

로 돕자고 주장했다. 셋째, 3국은 공동안보체제를 구축하고 공동
으로 평화유지군을 창설하자고 제안했다. 끝으로, 뤼순의 3국위
원회를 명실상부한 국제기구로 만들어 로마 교황청 등 세계 각
국의 공인을 받자고 주장했다.

안중근의 '동양평화론'은 미완으로 남았으나 웅대한 포부였
다. 혹자는 유럽연합의 경제통합과 유엔평화유지군의 원형을 안
중근에게서 찾기도 할 정도다. 어쨌거나 풍전등화 같았던 국가
존망의 위기 속에서 그는 한중일 3국의 평화와 번영을 꿈꾸었다.
전 세계를 광포하게 휩쓴 제국주의의 불길에 맞서 정치·경제·
군사·외교적 측면에서 새 질서를 세우고자 했으니 참으로 대단
한 인물이었다. 그저 한 나라의 국익만 추구하거나 광적인 애국
심에 사로잡힌 테러리스트라서 이토 히로부미에게 총을 겨눈 것
이 결코 아니었다는 사실을 후세는 똑똑히 기억해야 한다.

안중근 의사가 세상을 떠난 지 벌써 100년도 넘었다. 그러나
그의 이상은 아직도 실천에 옮겨질 기미가 없다. 자유무역을 한
다고 하지만 미국, 일본, 중국 등 강대국은 여전히 패권주의에 사
로잡혀 있다. 한국은 2개의 적대국가로 분열되어 아직도 주변 강
대국들의 눈치를 보는 형편이다. 또한 협소한 지역주의와 파벌주
의, 당치도 않은 이념 논쟁에다 부적절한 역사 논쟁으로 쓰러질
지경이다.

최후의 순간까지 "자유롭고 독립된 조국을 염원"한 안중근에
게 죄스러운 마음을 금할 길이 없다.

역관 홍순언에게 배우는
외교의 한 수

홍순언(洪純彦, 1530~1598)은 선조 때의 이름난 역관이었다. 당시 명나라의 역사책에 조선 왕조의 계보가 잘못 기록되어 있어, 나라의 근심거리였다. 홍순언은 이를 바로잡는 데 공을 세워 광국공신(光國功臣)이 되었다(1590년).

역사에서는 이를 '종계변무(宗系辨誣)'라 한다. 왕조의 혈통이 잘못 기록된 것을 따져서 바로잡는다는 뜻이다. 어떤 잘못으로 명나라의 역사책 『태조실록』에 태조 이성계가 고려의 권신(權臣) 이인임(李仁任)의 아들로 기록되어 있었다. 명나라의 기본법전인 『대명회전(大明會典)』에도 똑같은 오류가 있었다.

조선에서는 이를 바로잡기 위해 태조 때부터 명나라에 사신을 보냈다. 그러나 명나라 조정에서는 번번이 바로잡겠다는 약속만 했을 뿐 기록을 고치지 않았다. 홍순언은 이 문제를 최종적으로 해결한 사람이었다. 그 공으로 광국공신 제2등에 올랐고, 당성군(唐城君)에 책봉되었다.

그런데 그 일의 시작은 우연한 일에서 비롯되었다. 실학자 이익은 『성호사설』(제9권)에 사정을 자세히 기록했다. 홍순언이 사신을 따라 명나라에 갔을 때, 아름다운 창녀와 잠자리를 같이 하게 되었다. 그녀는 본래 양가의 처자였다. 원(袁)씨 성을 가진 이 처자는, 돌아가신 어머니의 장례를 제대로 모실 수 없을 정도로 가난했다. 그래서 몸을 팔게 되었다고 했다. 딱한 사정을 들은 홍순언은 그날 밤 잠자리를 따로 했다. 날이 밝자 거금을 그녀의 손에 쥐어주었다.

자유의 몸이 된 원씨는 훗날 명나라 대신 석성(石星)의 애첩이 되었다. 홍순언이 다시 명나라에 파견되어 조선 왕조의 계보를 바로잡으려 하자, 원씨는 남편을 움직여 조선 편을 들게 했다. 그로부터 얼마 후 임진왜란이 일어났고, 홍순언은 조정의 명으로 명나라에 가서 원병을 청했다. 그때도 원씨는 남편을 설득해 조선을 도왔다.

중국 기록인 『설부(說郛)』에 따르면, 원씨의 아버지는 심유경(沈惟敬)의 친구였다. 그런데 심유경의 벗 가운데 물장수 심가왕(沈嘉王)이 있었다. 심가왕은 왜구의 포로가 되어 일본에서 18년 동안이나 살았기 때문에 일본 사정에 밝았다. 그를 통해 심유경도 일본 사정에 능통했다. 이 사실을 훤히 알고 있던 원씨의 아버지는 사위 석성에게 심유경의 등용을 권했다. 심유경이 유격장군으로 조선에 파견된 배경이다. 그는 일본과 명나라의 정전협상을 꾀했으나, 결국 실패했다. 심유경에 대한 후세의 평가는 부정적이다.

그러나 이익의 판단은 달랐다. '심유경은 조선을 돕기 위해 정성을 쏟았다'라고 평가했다. 심유경은 조선에 오면서 심가왕을 대동했다. 심가왕은 곧바로 왜장 고니시 유키나가(小西行長)의 진중을 방문했다. 그는 일본 사정도 잘 알고 일본어에 능숙했기 때문에 협상이 순조롭게 진행되었다. 그리하여 50일간의 임시 정전 협정이 체결되었다. 덕분에 전쟁으로 피폐해진 조선 백성들은 잠시 숨을 고를 수 있었다. 그때 일로 실학자 이익은 심유경을 호평했다. 사실 공은 심가왕에게 있었다고 해도 과언이 아니다.

이익의 주장에 따르면, 홍순언은 사심이 없는 사람이었다. 그는 원씨가 은혜를 갚기 위해 많은 금과 비단을 가지고 찾아오자, '이런 보답을 받으려고 도운 것이 아니었다'며 사양했다. 그때 원씨는 자신이 손수 짠 비단을 펼쳐 보였다. 거기에는 '보은단(報恩緞)', 곧 은혜를 갚는 비단이라는 글자가 새겨져 있었다. 성의에 감동한 홍순언은 보은단을 가지고 귀국했다. 후세는 그가 살던 마을을 '보은단골'이라 불렀다(서울시 태평로 1가 미장동).

홍순언의 강직한 성품은 하담(荷潭) 김시양(金時讓)의 『하담파적록』에도 기록되어 있다. 당시 조정에서는 굵직한 외교 현안이 있을 때마다 뇌물로 문제를 해결하려는 경향이 있었다. 통역관 홍순언은 이를 강력히 반대했다.

"차라리 몇 해 더 시간을 끌망정 뇌물을 써서 나라의 체모를 떨어뜨릴 수는 없습니다!"

조정대신의 상당수가 홍순언의 주장에 동의했다. 덕분에 조선은 임진왜란과 정유왜란 때 한 푼의 뇌물도 쓰지 않고 명나라 원병을 얻었다.

오늘날 우리의 현실을 보면 강대국들과의 외교관계가 복잡하게 꼬여 있는 것 같은 느낌이다. 사드 문제든 위안부 협상이든 저들의 요구가 너무 일방적이고 과도하지 않은가. 이처럼 복잡한 현안을 현명하게 해결하기는 결코 쉬운 일이 아니다. 불현듯 홍순언의 옛일이 떠올라 몇 자 적어보았다. 역관 홍순언처럼 상대국의 요인과 개인적으로 좋은 관계를 갖는 일이 외교에서는 무척 중요하다. 독일 통일 과정에서도 헬무트 콜 총리와 한스 디트리히 겐셔 외무장관의 개인적 친분관계가 중요한 역할을 했다. 그들은 약 20년 동안 미국, 영국, 프랑스, 러시아의 전현직 수뇌부와 친밀한 관계를 유지해오고 있었다. 일이 꼬일 때마다 물꼬를 튼 것은 바로 인간적 신뢰였다.

홍의장군 곽재우,
선비의 전형

곽재우(郭再祐, 1552~1617)는 붉은 옷을 입고 싸웠대서 '홍의장군'이란 별명으로 이름이 났다. 의병장 곽재우가 누구인가? 그로 말하면 임진왜란 때 왜적에 빌붙어 나라를 배신한 공휘겸의 목을 벤 의인이다. 또 관군이 맥을 추지 못할 때 경상도 남쪽 끝에서 의병을 일으킨 사람이다. 의병장 곽재우는 전라도로 들어가는 길목에서 왜군을 몰아냈다. 바다에 이순신이 있었다면 뭍에는 곽재우와 같은 의병장들이 있었기에 전라도와 충청도의 백성들이 한숨을 돌릴 수 있었다.

그러나 왜군이 채 물러나기도 전에 선조는 무고한 의병장들을 역모죄로 엮어 죽이기 시작했다. 1596년(선조 29) 8월, 호랑이도 맨손으로 때려잡았다는 의병장 김덕령(金德齡)은 반란을 일으킨 이몽학과 내통했다는 무고로 고문을 받아 억울하게 죽었다. 선조와 기득권층은 국난의 어려움 속에서도 권력욕을 불태우느라 여념이 없었다. 실망한 곽재우는 산속으로 숨었다.

1608년(선조 41) 한 차례 세상이 바뀌었다. 우여곡절 끝에 왕위에 오른 광해군은 민생을 안정시키고자 했다. 왕은 무슨 일이 있어도 전쟁이 재발하는 것은 막아야 한다고 확신했다. 국가재건의 의지를 불태우던 광해군에게는 곽재우처럼 충성스러운 신하가 필요했다.

그러나 왕이 부르고 또 불러도 곽재우는 응하지 않았다. 그는 병을 이유로 사직상소를 올렸다. 다급해진 광해군은 관복과 말까지 내려보내며 곽재우의 상경을 재촉했다. 곽재우는 임금의 성의에 감복해 서울 길을 서둘렀다.

도성에 들어온 곽재우는 조정의 분위기를 냉정하게 살폈다. 안타깝게도 그가 일할 수 있는 조정이 아니었다. 나라를 망친 어제의 기득권층이 득실한데 무엇이 달라지겠는가?

"임금을 속이지 마라!"

곽재우는 의욕적인 새 임금의 눈과 귀를 가린 채, 사익 추구에 여념이 없는 기득권층을 향해 비판의 칼날을 세웠다. 추상같은 그의 목소리가 조정을 뒤집어놓을 듯했으나, 이변은 없었다. 곽재우는 벼슬을 헌신짝처럼 내던지고는 발길을 서둘러 가야산 속으로 총총히 사라졌다.

곽재우의 말대로 신하가 임금을 속이는 것은 중대한 문제다. 오늘날의 임금은 그 옛날의 백성이다. 헌법에 명시된 것처럼, 나라의 주권은 국민에게 있기 때문이다. 대통령을 포함해 모든 공직자가 국민을 위해 봉사하는 공공의 일꾼이다. 재벌, 국회의원, 판사, 검사 등 전문직의 역할도 다르지 않다. 이들 가운데 감히 국민의 뜻에 거스르는 이가 있다면 큰 문제가 아닐 수 없다.

그런데 말이다. 역사를 되돌아보면, 그런 사람이 많았다. 학식이 있고 재물이 많은 사람들 중에 그런 사람이 유독 많았다. 그들은 현란한 수사(修辭)를 동원하여 사익을 챙기는 데 누구보다 재능이 앞섰다. 이 세상을 혼탁하게 만든 것이 바로 그들이었다.

곽재우가 살았던 16~17세기의 조선 사회는 암울했다. 학벌을 자랑하는 선비의 시대가 열렸으나, 청렴하고 진실한 선비들은 조정에 나갈 수가 없었다. 그리하여 그들은 있지도 않은 병을 구실 삼아 역사의 무대 뒤로 숨어버렸다.

가령 하서 김인후나 남명(南冥) 조식(曺植) 같은 대학자도 병을 핑계로 조정의 부름에 응하지 않았다. 만일 그들이 마음껏 뜻을 펼 수 있다고 판단했더라면 그랬을 리가 없지 않은가. 조선왕조실록에서 '칭병', 즉 병을 핑계 삼았다는 말을 검색해보면 무려 658개의 기사가 뜬다. '칭병'은 양심적인 개인이 불의한 세상에 맞서 소극적으로나마 저항하는 수단이었다. 염치도 없이 나 잘났다고 서로 뽐내는 요즘 세태와는 한참 거리가 먼 옛날이야기다.

내 말은 무조건 옛날이 좋았다는 것이 아니다. 거의 날마다 신문지상을 어지럽히는 그 잘난 정치가들의 억지 주장을 따라가기에 이미 신물이 난 터라, 홍의장군 곽재우의 맑은 웃음소리를 잠시 상상해보았다.

백인걸,
기회주의자를 몰아내다

1545년(명종 즉위) 가을, 외척 윤원형(尹元衡)이 대비의 '밀지(密
旨)'를 받아 사림을 해치려 했다. 그때 휴암(休菴) 백인걸(白仁傑,
1497~1579)이 언관으로 있었다. 그는 밀지의 그릇됨을 홀로 아뢰
다 옥에 갇혔다. 동료 유희춘이 탄복했다지만, 백인걸은 겨우 죽
음을 면해 먼 시골로 유배되었다.

곤궁하고 불우하던 시절 백인걸은 날마다 「태극도설(太極圖
說)」, 사서(四書) 등을 읽었다. 스승 조광조의 가르침에 따른 것이
었다. 이런 세월이 20년가량 이어졌다.

선조가 즉위(1567)하자 드디어 백인걸이 다시 기용되었다. 홍문
관 부교리에 임명된 것이다. 그러자 그는 조정에 웅크리고 있던
기회주의자들을 적발해, 그들의 관직을 거두게 했다. 광평군 김
명윤(金明胤)도 이른바 청산 대상이었다.

김명윤은 본래 현량과를 통해 조정에 발을 들여놓았다. 현량과
는 조광조 등 개혁파가 전국의 뛰어난 인재를 선발하기 위한 추

천 제도였다. 과거제도의 폐단을 극복하기 위해 시행한 것이었지만, 결과적으로는 합격자의 대다수가 김식(金湜)을 비롯해서 조광조 일파와 가까운 사람들이었다. 이로 인해 조광조 일파는 반대파로부터 붕당의 이익을 도모했다는 공격을 받았다. 1519년(중종 14) 겨울, 중종이 조광조에 대한 신임을 철회하자 기묘사화가 일어났다. 그러자 김명윤은 기민하게 노선을 바꾸었다. 김명윤은 다시 과거에 응시해 벼슬길에 나아갔다. 그의 변절을 못마땅하게 여기는 선비들이 적지 않았다.

김명윤의 변신에는 끝이 없었다. 을사사화가 일어나자 그는 권세가에 붙어, 그 반대파인 윤임과 봉성군 이완에게 역모죄를 씌웠다. 김명윤의 무고로 인해 많은 선비들이 화를 입었다.

그로부터 20년이 지나 윤원형 등 외척세력이 권세를 잃었다. 그러자 김명윤은 또다시 입장을 바꾸었다. 이번에는 경연에 나아가 사화의 희생자들을 편들었다.

"을사년에 처벌된 선비들 가운데 억울한 사람들이 많사오니, 전하께서 그들의 억울함을 풀어주십시오."

어디 그뿐인가? 청명(淸名)이 높은 남명 조식 등이 발탁되자, 김명윤은 청류(淸流)의 환심을 사기에 급급했다.

"이 선비들을 언관으로 삼아 임금님을 측근에서 모시게 해야 마땅합니다."

변신의 귀재인 김명윤은 항상 '농단(壟斷)'을 꾀했다. 언제 어떤 상황에서도 그는 자신의 이익을 놓치지 않고자 새로운 가면을 썼다.

그러나 처음부터 백인걸은 그의 잔꾀를 알고 있었다. 이야기는

1544년 인종의 즉위 시절로 거슬러 올라간다. 그때 인종에게 기대를 거는 선비들이 많았다. 그들을 대신하여 언관들은 기묘사화의 희생자들을 복권하라고 요구했다. 그들의 상소문에는, "기묘의 선비는 모두 정직합니다"라는 구절이 포함되었다. 지평(정5품) 백인걸은 이 표현의 문제점을 날카롭게 지적했다.

"기묘년의 선비들 가운데 현명한 분들이 많았으나, 어찌 모든 이가 정직하다고 말하겠소? 현량과가 혁파된 뒤 과거시험장을 기웃거린 사람도 있었잖소. 과연 이런 사람을 정직하다고 말할 수 있겠소?"

김명윤을 염두에 두고 한 말이었다.

훗날 백인걸은 김명윤의 면전에서 "그대는 천만 번씩이나 변신하는 사람이오!"라고 핀잔을 주었다. 이 소식을 듣고 식자들이 통쾌해했다. 이이가 쓴 『석담일기』에 그 전말이 나온다.

역사 기록은 엄중한 것이다. 이익만 좇아 다니며 함부로 굴다가는 후세의 비웃음에서 벗어날 길이 없다. 최근 잇달아 폭로되고 있는 역대 정권의 비리 사건이 파노라마처럼 나의 뇌리를 스친다. 교활한 무리들은 자신들이 저지른 범죄의 기록을 말살해 후세의 비난을 피하고자 한다. 그러나 범죄자들이 관련된 기록을 죄다 없앤다고 완전히 없어지겠는가. 어딘가에 진실의 단편이 남기 마련이다. 진실은 늦게라도 수면 위로 떠오르기 마련이다. 유대인에 대한 나치의 범행도, 위안부 문제에 관한 일본의 범죄행위도 결국에는 당사자들의 증언과 사진, 기록의 단편을 통해 하나하나씩 드러나지 않았는가.

백인걸은 참찬(정2품)을 끝으로 조정을 떠났다. 향년 83세로 세상을 뜰 때까지 그는 틈만 있으면 우계 성혼 및 율곡 이이와 함께 학문을 닦았다. 성혼과 이이는 청년 시절 그의 문생이었다. 백인걸은 김명윤 같은 썩은 선비를 대신하여 이이와 성혼 등이 나라의 동량이 되기를 소망했다. 그의 소망은 현실화되어, 이이 등은 한동안 조정에서 중추적 역할을 담당했다.

여성 선비
송덕봉의 전략

16세기 후반 조선의 한 여성이 남편에게 한 장의 편지를 보냈다.
그 편지는 단순히 상대방의 안부를 묻는 것이 아니라, 부부 사이
의 애정 문제를 토로한 것이었다.

남편은 고향집을 떠나 몇 달간 서울에서 홀로 지내고 있었다.
그는 고향의 아내에게 편지를 보내, 그동안 자신이 아내와 처가
를 위해 많은 노고를 했다고 자화자찬한 모양이다. 그러고는 자
신이 이제 첩살림을 하고 싶으니 양해하라고 윽박질렀다. 고향의
아내는 발끈했다. 그녀는 성현의 가르침을 언급하면서까지 남편
의 덕이 부족함을 따끔하게 질책했다. 아내가 보기에 첩살림이란
당치 않은 일이었다.

편지에는 작자인 상류층 여성의 삶이 반영되어 있다. 편지의
수령인인 성리학자의 내면세계와 당시 조선 사회의 분위기 또는
관습을 엿볼 수 있는 단서도 발견된다.

보내주신 편지를 자세히 읽어보니 그대가 제게 얼마나 관대한 척하시는지를 짐작하겠습니다. 그런데 제가 듣기로, 군자(君子)는 항상 스스로 법도에 맞게 행동하며, 사소한 감정까지 온전히 다스린다고 합니다. 이것이 바로 성현께서 가르치신 바일 것입니다. 성현의 말씀을 따르는 것은 한 사나이가 자신의 아내나 아이들을 위하여 실천에 옮기는 하찮은 것이 될 수 없습니다. 만일 그대가 진정으로 탐욕스럽고 잡된 생각이 전혀 없이 마음이 지극히 맑다면, 이미 군자가 될 바른 길을 걷고 있다 하겠습니다. 한데도 그대는 어찌하여 꽉 막힌 규문(閨門) 뒤에 웅크리고 있는 아내에게 그대가 관대하게 대해줬다는 인정을 받으려고 안달하시는지 모르겠습니다. 그대가 그저 서너 달 동안 첩실을 아니 두고 홀로 지내셨다 하여, 마치 그 덕이 넘치는 것처럼 자부하며 그렇게 뻐기시는 건가요? 그대는 정말로 나의 호감을 크게 살 만한 일을 하셨다고 믿는 건가요?

○ 송덕봉이라는 선비

이 편지의 주인공은 송덕봉(宋德峰, 1521~1578)이다. 덕봉은 그녀의 호다. 두말할 나위 없이, 조선 여성이 호를 가지는 경우도 드문 일이었다. 편지가 발송된 것은 1570년(선조 3) 음력 6월, 송덕봉의 나이 이미 50세였다. 당시 그녀는 전라도 담양에 있는 본가를 지키고 있었고, 배우자 미암(眉巖) 유희춘(柳希春, 1513~1577)은 서울에서 벼슬살이를 하고 있었다.

문제의 편지는 한문으로 쓰였는데, 조선시대에 여성이 쓴 한문 편지는 드문 편이다. 한문으로 편지까지 쓸 정도가 되려면 제대로 된 교육을 받아야 했으나, 여성에게 교육 기회가 제도적으로 보장된 적은 없었다.

송덕봉은 한문에 매우 능숙했다. 그녀는 일상의 감정과 체험을 자유자재로 한문에 담았다. 그러나 독자적인 문집을 만들지는 못한 것 같다. 배우자 유희춘은 이 점을 안타까이 여겨 그녀의 시를 묶어 한 권의 시집을 만들기도 했다고 한다. 그러나 송덕봉의 시집은 간행되지 못했고, 시문 몇 편이 문제의 한문편지와 함께 『미암일기초』 5책에 부록으로 실려 있다. 그녀의 한시는 『미암일기』에 더러 산견되기도 한다.

당대의 명사 허성(許筬)은 스승인 유희춘의 생애와 업적을 요약한 「묘갈명」에서 송덕봉의 삶에 대해서도 몇 마디 적어놓았다. 예를 들면 "부인은 영특해 특히 경학과 역사 공부를 많이 하셨다. 그런 점에서 부인은 '여성 선비(女士)'라고 해야 마땅하다"라고 그녀의 재능을 기렸다.

송덕봉은 평소 책을 즐겨 읽고 배웠음을 짐작해볼 수 있다. 그녀의 가계 기록을 살펴보면, 1521년(중종 16) 12월 20일 전라도 담양의 양반 가문에서 태어나 어려서부터 한문을 배운 사실이 확인된다. 송덕봉의 아버지 송준(宋駿)은 딸의 재능을 높이 평가해 '성중(成仲)'이란 자(字)까지 지어주었다. 당시 사람들은 이름을 소중히 여겨 함부로 부르지 않았는데, 보통 관례를 치른 후에 이름 대신 자를 썼다. 자는 남성의 전유물이나 다름없었으나 송준은 딸에게 예외를 허락했다. 그런데 그녀의 남편 유희춘의 자는 인중(仁仲)이었다. 아마도 송준은 딸 내외가 형제처럼 사이좋게 의지하며 살기를 바라는 마음에서 딸에게 성중이란 자를 준 것이 아닐까 짐작한다.

○ 송덕봉의 결혼생활

송덕봉이 유희춘과 결혼한 것은 1536년(중종 31), 송덕봉의 나이 16세였다. 유희춘은 24세로 이미 생원진사 시험에 합격한 전도유망한 청년이었다. 유희춘의 첫째 부인은 슬하에 자녀를 두지 못한 채 젊은 나이로 세상을 떴다. 송덕봉은 자연히 재취가 된 것인데, 당시 사람들은 별로 이상하게 생각하지 않았을 것이다.

조선시대 상류층은 대체로 14~20세에 결혼을 했고, 배우자를 사별한 남성은 재혼을 하는 것이 보통이었다. 가족 가운데 어느 누구도 깊은 속내를 드러내지 않았지만 결혼이란 집안 어른들이 숙고를 거듭해 마련한 일종의 전략적 선택이었다. 그것은 당사자들의 애정을 전제로 한 것이 아니라, 양가가 여러 가지 세속적인 가치들을 고려해 결정했다. 즉 결혼은 부의 향유와 신분의 상승, 가문의 사회적 위상 제고를 위한 상호 간의 연대를 의미했다.

유희춘의 집안에서는 대대로 부유하고 문벌(門閥)까지 갖춘 송씨 집안을 좋은 결혼 상대로 여겼다. 송덕봉의 아버지 송준의 입장에서는 사윗감 유희춘이 약관에 이미 소과에 합격했으므로, 장차 상당한 지위와 명성을 얻을 것으로 보고 이 결혼을 적극적으로 추진했다. 유희춘은 이미 약관에 문명을 날렸으며, 20세에는 벌써 생원진사 시험에 합격했다. 그가 문과에 급제한 것은 1538년(중종 33)이었다. 송덕봉과 결혼한 지 3년째 되던 해였다. 유희춘은 주위의 기대를 저버리지 않은 셈이었다.

하지만 유희춘의 승승장구는 10년도 못 가서 막을 내렸다. 1547년(명종 2) 양재역 벽서사건(壁書事件)에 연루된 유희춘은 귀양길에 올랐다. 결국 그는 함경도 종성으로 유배되었다. 집안에서는 유희춘의 부재가 장기화되었다. 송덕봉의 어깨가 무거워진 것은 두말할 나위도 없다. 그녀는 친정에서 상속받은 노비와 전답을 잘 경영하여 시어른을 봉양하고 자녀를 키웠으며 유희춘을 뒷바라지했다.

그러다가 귀양간 지 19년째 되던 1565년(명종 20) 겨울, 드디어 시련이 끝날 조짐이 보이기 시작했다. 국왕 명종은 유희춘을 충청도 은진으로 이배(移配)하라고 명령했다. 2년 뒤 명종이 승하하고 선조가 즉위했다. 나이 어린 왕은 유희춘을 비롯해 명종 때 박해받은 신하들을 조정으로 다시 불러들였다. 정국을 일신하기 위해서였을 것이다. 유희춘 역시 20년에 걸친 유배생활에서 풀려나 조정의 요직에 임명되었다.

그는 유교 경전과 고전에 두루 능통하다는 정평이 나 있어, 1567년(선조 즉위) 겨울에 홍문관의 중견관리가 되었다. 경연에 참석해 날마다 고전을 해석하고, 왕의 자문에 응하는 것이 주된 임무였다.

유희춘이 귀양에서 풀릴 기미가 나타나기 시작한 1565년 가을, 송덕봉은 함경도 종성으로 남편을 찾아간다. 그녀의 나이는 이미 45세였다. 그 뒤 은진으로 귀양지가 바뀌자 유희춘을 따라 줄곧 함께 지냈다. 그러나 유희춘이 벼슬을 얻어 서울로 올라간

뒤에는 담양에 있는 본가로 되돌아갔다. 1567년(선조 즉위) 10월 21일의 일이었다.

○ 남편만 서울로 가고

송덕봉과 유희춘 부부는 서로 떨어져 지낼 때가 많았다. 함께 산 기간은 전체 결혼생활 가운데 절반도 안 되는 것 같다. 그들은 유희춘의 학업과 벼슬과 유배생활 때문에 별거 아닌 별거를 여러 차례 되풀이했다. 유배지에서 풀려난 뒤에도 송덕봉이 남편을 따라 선뜻 서울로 올라가지 못한 까닭은, 유희춘의 벼슬길이 장차 어떻게 될지 전망하기 어려웠던 점도 한 가지 이유로 작용했을 것이다.

조선시대 관리들은 관직에 등용된 지 불과 1~2년 만에 해임되는 경우가 많았다. 임용된 지 수 개월 또는 단 며칠 만에 파직되기도 했다. 그렇기 때문에 귀양에서 풀린 유희춘이 서울에서 좋은 벼슬을 하고 있다 하더라도 송덕봉은 남편의 서울 생활이 과연 얼마나 오래 지속될지 염려스러웠을 것이다. 하물며 유희춘은 이미 청년 시절에 짧은 영광 끝에 정치적 좌절을 맛본 사람이었다. 송덕봉이 홀로 담양 본가에 머문 것은 미래에 대한 불안감 때문이었을 수도 있다.

유희춘 역시 홀로 서울에 머물렀다. 이 말은 그가 아직 이른바 경첩(京妾)을 들이지 않았다는 뜻이다. 그가 거주한 서울 집에는 세 명의 남자 종과 두 명의 여자 종이 있어 일상의 수고를 덜었다. 하지만 아내도 첩도 없이 지내는 서울 생활은 무료하고 외롭고 고단했던 것 같다. 그의 나이 이미 60에 가까워 노인 대접을 받는 처지였지만, 홀로 지내는 것이 편치 않았던 것은 당연한 이치다.

○ 가족 간에 주고받은 편지와 선물

객지에 머물던 상류층 출신의 남성은 집안 식구들에게 편지를 보내 일상생활의 어려움을 알리곤 했다. 장기간 타향에 머물게 되면, 고향 집으로 편지를 보내곤 했다. 유희춘 역시 서울에 머무는 동안 아내 및 가까운 친척에게 한 달에도 두세 번이나 편지를 보냈다. 유배지에서 오는 편지에는 필요한 의복을 보내라는 요구가 있었고, 오래 두고 먹을 음식을 보내라든가, 고향 집에서 가져다 쓸 물건의 목록이 적혀 있었다. 때로는 객지에서 식구들에게 보내주고 싶은 물품에 관해 쓰기도 했다.

더러는 객지에서 값비싼 물건을 구해 집으로 보내주기도 했다. 당시에는 서울뿐만 아니라 지방에도 시장이 발달하고 있었다. 필요한 물건이 있으면 시장에서 구입할 수 있었다. 하지만 지체 높은 양반이 직접 옷을 사 입는다는 것은 상상도 하지 못할 일이었다. 그들은 가족이 손수 바느질해 곱게 지은 옷을 가져다 입었고, 고향 집에서 정성껏 만들어서 보낸 밑반찬을 받아 먹는 것을 당연시했다.

조금 일반화해서 말하면, 편지를 따라 그것을 보내는 사람의 마음과 물건도 이동했다. 편지 심부름은 주로 집안의 충직한 종이 도맡았다. 남종과 여종들이 상전의 마음이 담긴 편지와 물건을 가지고 먼 길을 바삐 오갔다. 송덕봉과 유희춘이 부리는 남녀 종들도 편지와 선물을 이고 지고 또는 말 등에 싣고 서울과 담양을 왕복했다. 상류층 사람들의 정서적·물질적 요구를 충족시키기 위해 종들은 분주하게 움직여야만 했다.

○ 첩을 들이는 이유

만일 필요한 물품을 고향 집에서 조달하기가 수월하지 않은 경우에는 현지 첩의 필요성을 더욱 절감했을 것이다. 첩은 무엇보다도 타향에 머무는 남성의 의식주를 편리하게 해결해주는 존재였다. 첩은 남성의 생리적 요구를 해결해줄 뿐만 아니라, 정서적 안정에도 기여했다고 보아야 한다. 첩에 관한 논의는 이런 점들을 두루 고려할 필요가 있다.

요컨대 상류층 남성의 입장에서 보면, 첩이란 단순히 성적 유희의 대상이 아니었다. 경우에 따라 첩은 객지생활의 필수적인 요소로 간주되기도 했다. 한때는 송덕봉과 유희춘 부부도 그러한 인식을 암암리에 공유했다.

1547년(명종 2) 유희춘이 함경도 종성으로 유배되었을 때의 일이다. 송덕봉은 시집올 때 가져온 패물을 처분해가며 남편을 따라갈 첩을 마련해주었다.

그녀는 생면부지의 외로운 변방 유배지에서 남편이 겪을 외로움과 불편함을 염려해, 자신의 역할을 대리할 첩을 뽑아 노자를 주어 보냈다. 직접 남편을 따라가고 싶은 마음이 없지 않았겠지만, 시집의 형편이 이를 허락하지 않았다. 본가에는 연로한 시어머니가 아직 생존해 있었다. 시모(媤母)를 봉양하기 위해 본가를 비울 수 없었다.

달리 말해, 조선 왕조의 국시인 성리학의 가족 규범 때문에 송덕봉은 개인적인 감정과 욕망을 억누르고 시부모에게 효성을 다하는 며느리가 되어야 했다.

그러나 송덕봉이 유교이념과 제도 아래 무참히 꺾였다고 볼 수는 없다. 그녀는 학식과 재능을 바탕으로 자신만의 '전략'을 구사하기도 했다. 유교의 이론을 빌려, 경첩을 두고자 하는 남편의 의지를 꺾었다. 그녀는 유교적 덕행을 쌓음으로써 상당한 명성을 얻었고, 가사 경영권을 확고히 장악했다. 물론 지배 이데올로기와 제도적 한계 안에서의 일이었다. 우리는 그녀를 통해 16세기 조선 여성이 처했던 구체적인 삶의 조건을 살펴볼 수 있다.

진짜 선비와
가짜 선비

김창숙(金昌淑, 1879~1962) 선생은 그분의 호를 따라 '심산(心山) 선생'이라 불린다. 사람의 일생을 한 마디로 말하기는 여간 어려운 일이 아니지만, 이분의 경우에는 두 번 생각할 필요조차 없다. 선생은 참된 선비셨다!

성인의 글을 읽고도 성인이 세상을 구제한 뜻을 깨닫지 못하면 그는 가짜 선비다. 지금 우리는 무엇보다 먼저 이따위 가짜 선비들을 제거해야만 비로소 치국평천하(治國平天下)의 도를 논하는 데에 참여할 수 있을 것이다.

이미 청년 시절에 김창숙은 그렇게 말했다. 선비라면 현실 문제를 외면할 수 없다는 것이다. 문제 해결에 솔선수범하는 것이 선비라고 믿었다. 그래서 김창숙은 언제나 자신의 안위를 돌보지 않고 시대의 요청에 따랐다. 구한말부터 이승만 독재에 이르기까지 그는 한결같이 불의한 권력에 저항했다.

1905년 을사조약이 체결되자 선생은 이완용을 비롯한 '을사오적'을 성토했다. 그로 인해 선생은 옥고를 치러야 했다. 그럼에도 선생의 뜻은 변하지 않았다. 1909년에는 친일단체 일진회가 '한일합병론'을 꺼내자 반박문을 써서 정부에 보냈다.

나라를 잃은 지 어언 10년이 지난 1919년 3월, 독립만세 운동이 크게 일어났다. 이에 선생은 분연히 일어나 '유림단진정서(儒林團陳情書)'를 가지고 상하이로 갔다. 파리에서 열리는 만국평화회의에 이 서한을 보낼 생각이었다.

이후에도 선생은 국내와 중국을 여러 번 왕복하며 조국의 독립을 위해 혼신의 힘을 다했다. 자연히 선생은 늘 신변의 위협을 받았다. 1927년 5월, 선생은 상하이의 공동조계(共同租界)에 있던 어느 병원에 입원했다. 그 바람에 선생을 노리고 있던 밀정에게 꼼짝없이 체포되고 말았다. 국내로 강제 송환된 선생은 징역 14년형을 선고받고 대전형무소에 수감되었다. 그러나 옥중에서도 투쟁은 계속되었다. 저들은 선생의 의지를 꺾기 위해 모진 고문을 하여 끝내 선생을 '앉은뱅이'로 만들어버렸다.

1945년 여운형은 비밀결사 '건국동맹'을 조직하고 선생을 '남한' 책임자로 모셨다. 그러나 이 일이 탄로나 선생은 왜관경찰서에 구속되었다. 선생은 거기서 광복을 맞이했다.

해방 후 선생은 한반도에서 지배권을 행사하는 미국과 소련모두를 마땅치 않게 여겼다. 선생의 생각에는 자주독립의 먼 길을 헤쳐 나가기 위해서는 유학의 근대화가 급선무였다. 그리하여

성균관을 재정비하여 1946년 9월 성균관대학을 설립하고 초대 학장이 되었다. 또 선생은 유도회(儒道會)를 조직하여 과거 친일행각을 했던 악질 유림을 소탕하는 일에 앞장섰다. '적폐' 청산운동의 일환이었다.

선생의 충정과 절개는 끝내 변하지 않았다. 1951년 이승만의 독재에 저항하여 그의 하야(下野)를 촉구하는 경고문을 보냈다. 이 일로 선생은 부산형무소에 40일 동안 수감되기도 했다.

1952년 5월, 피난지 부산에서 이승만은 정치파동을 일으켜 독재권력을 강화하는 데 혈안이 되어 있었다. 1952년 5월 25일, 이승만 정권은 계엄령을 선포해 독재권력을 더욱 강화했다. 억압적인 분위기에서 개헌을 서둘러 독재권력을 법적으로 뒷받침했다. 이에 선생은 이시영 등과 함께 '반독재호헌구국선언(反獨裁護憲救國宣言)'을 발표하여 권력에 눈먼 독재자를 꾸짖었다.

그러자 독재자의 주구들은 감히 선생에게 테러를 가하기도 했다. 이승만 추종세력으로부터 심한 폭행을 당했으나 다행히 생명에는 지장이 없었다. 1956년에는 이승만 정권에 기생하던 친일유림의 강압으로 성균관대학교에서 물러나게 되었고, 그 이듬해에는 성균관 관장, 유도회총본부장 등 일체의 공직에서 쫓겨나는 수모를 당했다.

그러나 양심적인 인사라면 누구나 선생을 존경했다. 5·16 쿠데타를 일으킨 박정희는 병중의 선생을 찾아갔으나 방문을 닫고 만나주지 않았다고 한다. 1962년 5월 10일, 선생은 한 많은 생애를 마감했다. 한국 사회는 사회장(社會葬)으로 선생의 고결한 삶을 기렸다.

　부끄러운 말이지만, 나의 집안도 선생과 무연(無緣)하다고는 할 수 없다. 1947년 겨울, 선생이 성균관장으로 재임할 때였다. 그때 선생은 전국의 '친일유림'을 소탕하고자 했다. 그리하여 뜻있는 분들을 골라서 전국 각 지방에 퍼져 있는 향교의 중책을 맡겼다. 나의 조부도 전주향교의 '장의(掌議)'에 임명되었다. '백 아무개를 전주향교 장의에 임명한다'라는 내용이 적힌 흰색 문서봉투가 70년 전의 역사를 오늘에 전하고 있다.

　당시 심산 선생을 비롯한 전국의 유생들은, 새로운 마음으로 이 나라를 폐허에서 일으키고자 했던 것이다. 친일 잔재를 말끔히 청산하고, 하늘의 도를 따라 사람이 사람답게 사는 세상을 만들고자 했다. 김창숙은 유학도 시대의 흐름에 맞춰 근대적인 발전을 도모해야 한다고 믿었다. 전국의 뜻있는 유생들은 김창숙의 취지에 공감해 지역마다 향교재단을 중심으로 대학을 설립하기도 했다. 가령 전라북도 전주에도 명륜대학이 들어섰다.

　1953년 2월, 김창숙의 지도 아래 전국의 향교가 일치단결해 성균관대학을 종합대학교로 승격시켰다. 김창숙은 초대 총장이 되었다. 전국의 유생들은 유교 정신을 살려 평화롭고 공정한 세상을 열고자 했다.

　하지만 그들의 꿈은 교활한 정상배와 잔악한 매국노들에게 유린되고 말았다. 이명세 같은 친일 무리들이 독재자에게 아부하며 판을 쳤다. 이승만 독재정권은 자신들에게 저항하는 김창숙 일파를 성균관과 향교에서 축출했다.

우리 사회는 심산 선생이 작고하고 50여 년이 지난 지금까지도 각 방면에 쌓인 '적폐'를 청산하지 못하고 있다. 여간 부끄러운 일이 아니다.

언제나 당당하고 떳떳했던 심산 선생, 그분은 진정한 유자(儒者)였기에 권력자의 사익 추구를 항상 경계했다. 선생이 즐겨 애독한 유교 경전에는 "백성이 나라의 근본"이라 적혀 있었고, 선생은 이를 현대적으로 풀이했다.

가장 중요한 것은 시민이요, 그다음은 나라요, 가장 가벼운 것은 권력자다. 선생은 이를 확신했기에 일제의 압제에 굴하지 않았고, 독재자의 강포한 폭력 앞에서도 위축되지 않았다. 일제에 아부한 썩은 선비들을 멀리하고, 뜻있는 유림을 모아서 나라를 재건하고자 한 것도 다 그런 깊은 뜻에서 비롯된 일이었다. 갓 쓴 선비라 해서 반드시 고루한 것도 아니요, 입만 열면 '안보'와 '경제성장'을 외친다고 해서 믿음직한 정치인인 것도 아니다. 모쪼록 선생처럼 신실해야 할 것이다.

선생의 한 말씀이 내 가슴을 울린다.

"성인(聖人: 공자)의 글을 읽고도 성인이 세상을 구제한 뜻을 깨닫지 못하면 그는 가짜 선비다."

3장

선비의 한 생각, 세상을 바꾸는 힘

성리학이 한국 사회에 남긴 최고의 선물은 무엇이었을까? 선비, 곧 지식인 들에게 '사회개혁'에 대한 희망을 불어넣었다는 점이 아닐까 한다.

14세기 말 이 땅에는 '개혁의 시대'가 활짝 열렸다. 당시 성리학은 새로운 사상이었고, 이에 고무된 이상주의자들이 다수 출현했다. 그 가운데서도 정도전은 이채를 띠었다. 그는 지주제의 폐단을 날카롭게 지적했고, 사회적 약자를 보호하는 것이 국가의 책무라고 주장했다. 요즘 말로 정도전은 '경제민주화'를 주장한 셈이었다.

동일한 사상이라도 시대에 따라 그 역할이 다르다. 조선 건국 초기만 해도 성리학은 참신한 사상이었다. 한국의 정치에 최초로 이념의 역할을 부여했다. 정치는 백성을 위한 것이라야 한다는 생각이, 당시로서는 신선한 충격이었다. 정도전 같은 이들은 성리학을 이념적 토대로 삼아, 지주 제도를 철폐하고 자영농 중심의 새로운 사회를 건설하고자 했다.

이 장에서는 조선의 선비들이 세상을 바꾸기 위해 기울인 노력과 정성을 알아보고자 한다. 그 과정에서 우리는 많은 선비들이 임금보다는 백성의 목소리에 더 큰 비중을 두었다는 사실을 확인하게 된다.

물론 선비라 해서 모두가 같은 생각을 가졌던 것은 아니다. 가령 16세기 초반 조광조 등이 개혁정치를 펼 때도, 경연(經筵)에서는 개혁파와 보수파가 충돌했다. 그런 모습에도 우리는 눈길을 줄 것이다.

16세기의 대학자 퇴계 이황은 일반 백성들까지도 유교 도덕을 실천하기를 바랐다. 윤리적인 세상을 만드는 것이 이황의 꿈이었다. 그리하여 그는 도덕에 어긋난 노비의 죄상을 직접 고발하기까지 했다.

　물론 성리학적 이상이 조선의 현실 속에서 바람직한 방향으로 구현되기만 한 것은 결코 아니었다. 빼어난 학자였지만 송익필 같은 이는 신분의 한계에 부딪혔고, 당쟁의 소용돌이에 휩쓸려 표류하고 말았다.

　많은 사회적 장벽과 모순에도 불구하고, 유교적 이상에 따라 사회를 개혁하려는 움직임은 그치지 않았다. 16세기에는 조헌(趙憲. 1544~1592)이란 선비가 나타나서, 서자에 대한 사회적 차별의 해소 및 여성의 재가 허용을 촉구했다.

　실학자 성호 이익은 한 걸음 더 나아갔다. 그가 주장한 '분배의 정의'는 반계(磻溪) 유형원(柳馨遠. 1622~1673)의 개혁사상을 계승한 것이었다. 다 알다시피 이러한 사상적 흐름을 집대성한 이는 정약용이었다.

　이 장에서 우리가 다룰 한 가지 특별한 주제는 추사(秋史) 김정희(金正喜. 1786~1856)의 「실사구시론(實事求是論)」이다. 이 글은 실학의 정신을 가장 격절하게 표현한 것으로서, 조선 후기 지식계가 거둔 중요한 성과라 일컬을 만하다. 김정희는 동아시아의 사상사를 간결하면서도 요령 있게 성찰했다.

임금의 자리는
가볍다

까마득한 왕조시대에도 그런 말이 있었다. '모든 권력은 국민에게서 나온다'는 헌법 조항 같은 것은 아직 상상 밖의 일이었으나, 권력의 작동원리는 예나 지금이나 마찬가지다. 소통을 거부하는 권력, 소수 기득권층의 이익만 챙기는 권력자는 결국 쓰러지기 마련이다.

　정치가 민심을 떠나 표류하던 18세기의 조선 사회, 그때도 비판적 지식인들이 있었다. 병와(瓶窩) 이형상(李衡祥, 1653~1733)은 바로 그런 이였다. 「주수설송병서(舟水說頌幷序)」라는 그의 글을 읽다가 나는 눈이 휘둥그레졌다. 많은 문집을 읽어보았지만, '군경(君輕)', 곧 임금의 자리를 가볍게 여겨야 한다는 주장을 여과 없이 쏟아낸 글은 처음이었다.

　　임금의 자리는 지극히 어렵게 여겨야 할 자리다. 위험한 것은 (민심의) 강물이 아니겠는가. 두려워해야 할 것은 백성이 아니겠는가. 강폭은 너르고 배는 위태하도다. 만약 큰 나루터를 건널 생각이라면, 임금 자리를 가벼이 여기고 백성을 존귀하게 여겨야 한다. (배는) 바다에서 순풍을 기다리는 법이다. 이렇듯 성스러운 왕들은 반드시 훌륭한 사공을 뽑아, 함께 배를 타고 (노 젓기에) 힘을 다했다. 그리하여 위험은 평안으로 바뀌었던 것이다. (이형상, 『병와선생문집』 제4권)

이형상의 소망은 지금 우리의 염원이기도 하다. 조선 왕조의 왕권에 비하면 대한민국 대통령에게 부여된 권력은 엄연히 제한적이다. 민주주의를 약속하는 헌법이 있어서다. 그런데도 역대 정권에서는 '왕실장' 또는 '기춘대군'으로까지 불린 비서실장과 '문고리 3인방'과 비선실세가 국정을 농단했다. 대통령의 무능과 권력의 부패는 극에 달했다. 우리 시민들의 분노와 절망감은 300여 년 전 이형상의 마음과 큰 차이가 없을 것이다.

이형상이 문제의 글을 쓴 배경을 살펴보면, 작지만 매우 귀중한 희망이 자리하고 있었다. 아직 세자 신분이었던 경종이 그 희망의 씨앗이었다. "(숙종) 임금 35년(1709) 11월 11일 서연(書筵)을 할 때의 일이었다"라고 이형상은 회고했으나, 내가 조사해본 결과는 달랐다. 나는 『승정원일기』를 통해 그 일이 '계미년', 곧 숙종 29년(1703)의 일이었음을 확인했다.

그때 열여섯 살의 세자는 『대학연의(大學衍義)』를 배우고 있었다. 세자는 중국 후한(後漢)시대의 충신 황보규(皇甫規)의 언행에 큰 감동을 받았다고 했다. 그 마음을 담아 세자는 짧은 글을 지었고, 이를 서연에 참석한 신하들에게 보여주기까지 했다. 훗날

이형상은 지인에게서 그 글을 얻어 보았던 것이다.

황보규의 언행은 『후한서』에 자세히 나와 있다. 황제가 어려서 양태후(楊太后)가 수렴청정을 하게 되자, 태후의 형제들이 국정을 농단했다. 말하자면 비선실세가 판을 쳤던 것이다. 차마 눈뜨고 볼 수 없을 지경이었다. 그러자 황보규가 「대책」을 올려, 그들의 비행을 규탄했다.

> 임금은 배요, 백성은 물입니다. 뭇 신하는 그 배에 오른 승객이요, 장군 형제(양태후의 오빠들)는 노를 젓는 사공입니다. 사공이 성의를 다해 배를 저어야만 나라의 복이 됩니다. 게으르고 교만을 떨면 장차 거센 물결에 배가 침몰하고 말 것입니다.

황보규는 이른바 '주수설(舟水說)'로서 집권세력의 무능과 부패를 질타했던 것이다.

조선의 세자는 시공의 간극을 초월하여 그 말에 깊이 공감했다. 세자의 눈에 비친 조선 사회 또한 민심과 유리된 채 부패와 타락의 길을 걷고 있었기 때문이다. 이형상이 읽은 세자의 글은 뜻이 절실했다. 배를 타고 건너야 할 강폭이 너르고, 백성이 귀하다는 점을 세자는 구구절절 표현했다. 『서경』의 '오자지가(五子之歌)'를 인용하기도 했다. "무수한 백성 위에 군림하는 것은 마치 썩은 새끼줄로 여섯 마리의 말을 (묶어서) 모는 것처럼 조심스럽다"라는 뜻을 세자는 충분히 이해하고 있었다.

세자의 냉철한 현실 인식이 이형상 같은 선비들에게는 큰 희망이었다. 현명한 지도자가 있다면, 나라의 해묵은 고질병도 바로 잡을 수 있을 것이었다. 그러나 세자는 왕이 된 지 불과 수년 만에 의문의 주검이 되었다. 독살설이 오랫동안 사그라지지 않았다.

사실 경종은 안타까운 왕이었다. 누구보다 기가 셌던 생모 장희빈(1659-1701)과 노련한 정치가 숙종 사이에서 태어나 파란을 겪었다. 아버지 숙종은 몇 차례의 환국(換局: 정치권의 물갈이)으로 조정 대신들을 교체하며 왕권을 강화하기에 부심(腐心)했다. 경신환국(1680)으로 남인을 쫓아냈고, 기사환국(1689)으로 서인을 몰아냈다. 이어서 갑술환국(1694)으로 다시 남인을 권좌에서 축출했다. 이로써 붕당 간의 견제와 균형이 붕괴되고, 피비린내 나는 당쟁의 회오리가 온 나라를 집어삼켰다.

장희빈 역시 갑술환국으로 왕비의 자리에서 쫓겨났다. 그 뒤, 1701년(숙종 27) 인현왕후가 사망하자, 변고가 일어났다. 숙종의 후궁 숙빈 최씨는 왕후의 죽음을 장희빈이 저주한 탓이라며 고발했다. 결과적으로 장희빈은 사약을 마시고 죽었다. 숙빈의 아들은 경종의 이복동생으로, 훗날의 영조다. 당시 궁중의 암투와 모략은 끝이 없었다.

1720년, 숙종이 무려 46년간의 재위 끝에 사망했다. 경종은 부왕의 뒤를 이어 즉위했다. 그는 자신과 가까웠던 소론의 입지를 키워주며 차츰 왕권을 강화하려 했다. 그러나 즉위 4년 만에 돌연 사망했다. 향년 37세였다. 경종의 죽음을 둘러싸고 독살설이 난무했다. 세제(世弟), 곧 영조가 간장게장으로 형을 죽였다는 소문이 전국에 파다하게 퍼져, 1728년(영조 4) 여러 지방에서 반란이 일어나기도 했다. 이것은 물론 훗날의 이야기다.

'주수설'에 관심을 표한 임금이 경종 하나뿐은 아니었으나, 때 이른 그의 죽음으로 큰 희망 하나가 사라진 것은 분명한 사실이었다. 내가 소개한 이형상의 글에는 그런 아쉬움이 담겨 있다.

본래 '주수설'은 「공자가어」에 나와 있다. 공자는 제자들과 함께 노나라 환공의 사당을 방문했는데, 그때 의기(敧器)라는 특별한 제기가 눈에 띄었다. 속이 비면 기울어지고, 물이 중간쯤 차면 똑바로 서지만, 가득 차면 넘어지는 그릇이다. 이 그릇을 보고 공자가 말했다.

"임금이란 배요, 백성은 물과 같다. 물은 배를 띄울 수도 있지만, 배를 뒤집을 수도 있다. 임금이 이러한 위험을 깊이 유념하면 다스림의 이치를 안다 하겠다."

우리 시민들은 이미 그 이치를 환히 알고 있다. 지난 2016년 겨울 천만 촛불시민이 염원하자 그 의지를 따라 국회의원들도 움직이지 않을 수 없었다. 대통령 탄핵이 현실화되었던 것이다. 촛불시민들은 '새로운 한국'의 판을 짜는 역동적인 역할을 담당했다. 입만 열면 모르쇠요, '기억나지 않는다'는 거짓말로 자신들의 추악한 범죄를 은폐하는 어둠의 세력을 완전히 추방하는 날이 쉽게 올 수야 없겠지마는 한국의 현대사는 새로운 단계에 진입한 것이 엄연한 사실이다.

정도전의 꿈
'경제민주화'

조선 왕조와 고려 왕조의 연속성을 강조하는 이들이 제법 많다.
미국의 한국사가 존 B. 던컨이 대표적이다. 그는 조선 초기 지배
층의 대부분이 고려의 구귀족 출신이었고, 두 왕조 사회는 본질
적으로 차이가 없다고 주장했다.

내 생각은 정반대다. 조선의 건국세력은 평범한 집안에서 많이
나왔다. 몇 해 전 TV 드라마에서 인기를 누린 삼봉(三峯) 정도전(鄭
道傳, 1342~1398)은 두말할 나위조차 없다. 그의 외가와 처가는 노
비였다. 그런데도 정도전은 조선 왕조의 건국을 주도했다.

그는 완전히 새로운 세상을 만들 생각이었다. 그는 평민 중심,
특히 소농 중심의 유교사회를 꿈꿨다. 조선은 고려와 엄연히 구
별되는 새 세상이었다. 정도전의 개혁구상이 모두 실행되지는 못
했지만, 후대에도 그의 이상에 공감하는 사람이 많았다. 민본정
치로 이름난 세종 역시 정도전의 사상적 후계자였다.

'경자유전(耕者有田)', 즉 농사짓는 사람이 논밭을 소유해야 한

다는 믿음. 이것이 정도전의 사상적 출발점이었다. 당시 경제의 중심은 농업이었다. 문제는 중앙과 지방의 권력자들이 백성들의 논밭을 앞다퉈 빼앗았다는 사실이다. 결과적으로 한 조각의 땅에도 임자가 여럿이었다. 농민이 부담할 소작료 역시 2중 3중이었고, 세금의 운반 비용도 무거웠다. 지주의 심부름꾼을 접대하는 비용도 많았다.

그야말로 불법이 난무했다. 당시 권귀(權貴), 곧 세력 있는 귀족들은 백성들의 논밭을 마음대로 빼앗아 농장을 만들고, 수확량의 절반을 가져갔다. 소유권이 아니라 수조권(收租權)만을 차지한 경우에도, 한 해에 여러 차례 세금을 쥐어짰다. 실제로 논밭에서 농사를 짓는 농민들은 식량도 확보하지 못하고 유리걸식하는 경우가 많았다.

그러나 고려의 지배층은 농민의 고통을 외면했다. "백성을 먹여 살리는 것이 임금의 할 일이다." 공자의 가르침을 가슴 깊이 간직한 정도전과는 달랐다.

> 공(정도전)은 그 폐단을 잘 알고, 반드시 고쳐야 하겠다는 생각에서 우리 태조(이성계)를 적극 도왔다. 토지를 전부 몰수하여 국가 소유로 만든 다음, 인구 비례에 따라 토지를 재분배해 옛날의 올바른 토지제도를 회복할 생각이었다. (정도전, 『삼봉집』)

이성계(李成桂, 1335~1408, 조선 태조)가 자신의 견해를 인정하자, 정도전은 토지개혁안을 재상회의에 제출했다(1389). 그는 조선의 왕

안석(王安石, 송나라의 개혁정치가)이었다.

　당시 구귀족들은 머리로는 토지개혁안을 이해했지만, 기득권을 지키기 위해 개혁을 반대했다. 구귀족이란 대대로 개경에 살며 높은 벼슬을 물려받은 사람들이다. 가령 1308년에 충선왕이 복위하여 왕실과 혼인할 수 있는 가문으로 '재상지종(宰相之宗)'을 정했는데, 거기에 포함된 15개 가문이 대표적이었다. 그들은 대규모 농장을 소유했고, 과거에 급제하지 못해도 높은 벼슬을 차지했다. 그들의 입장에서는 정도전의 토지개혁안을 받아들일 수 없었다.

　정도전의 개혁안은 전국의 토지를 모두 몰수하여 농업에 종사하는 백성들에게 골고루 나눠주자는 것이었으니 말이다. '경자유전(耕者有田)', 곧 농부가 토지를 소유해야 한다는 생각은 성리학(유교)의 오랜 이상이었다. 정도전은 바로 그런 이상을 실현하고자 노력했다. 쉬운 일이 아니었다. 당장에 정도전의 스승이자 당대 최고의 성리학자인 목은(牧隱) 이색(李穡)부터 정도전의 개혁안을 격렬히 반대했다. 이로써 스승과 제자는 등을 돌린 채 정적이 되고 말았다. 학자들 중에서는 조준(趙浚)과 윤소종(尹紹宗)만이 개혁에 찬성했다. 결국 개혁안은 세에 밀려 좌초했다.

　보통 사람은 사회적 약점 때문에 보수적이 되기가 쉽다. 1894년 동학농민운동 때도 농민군을 진압하겠다고 나선 이들은 대개 양반의 서자나 아전으로서 약간 성공한 사람들이었다. 그들은 기득권층에 온전히 편입되기를 바라면서 출신을 배반했다.

하지만 정도전은 달랐다. 자신의 한미한 출신을 끝내 잊지 않았던 그는 정치의 근본을 백성의 삶에 두었다. 그는 지주의 전횡을 막기 위해 과거제와 무상교육 등 각종 개혁안을 마련했다. 기회 균등한 사회를 건설함으로써 다수에게 행복을 선사하고자 했다. 공리주의자라고도 불릴 만한 정도전이 '왕자의 난'(1398)을 만나, 이방원 세력의 칼에 쓰러지고 만 것은 안타까운 일이다.

그러나 정도전이 죽은 뒤에도 그의 이상이 완전히 사라지지는 않았다. 조선 초기의 향교는 양반뿐만 아니라 평민에게도 개방되었다. 학비를 받기는커녕 학업을 돕기 위해 숙식도 무료로 제공했다. 과거시험에 급제한 사람들 중에서는 보잘것없는 가문 출신이 적지 않았다. 그때 여성과 노비는 무상교육의 혜택을 누리지 못했다. 안타깝게도 그것은 세계 어디에서나 확인되는 전통시대의 일반적인 한계였다.

오늘날 떵떵거리는 기득권층도 정도전의 뜻을 되새겼으면 좋겠다. 1960년대부터 한국 사회는 경제성장에 모든 것을 걸었다. 국가는 대기업에게 각종 혜택을 주었고, 시민들은 희생을 감내해야 했다. 현재의 경제대국은 저절로 된 것이 아니다. 오늘날 한국은 자살률이 유난히 높은데, 그들은 대체로 사회적 약자들이다. 문제가 심각하다.

그런데도 부자증세를 비롯한 경제민주화를 논하는 것은 어려운 일이 되어버렸다. 우리는 온 세상이 다 그런 줄 알지만, 그렇지 않다. 2013년 5월, 나는 독일 공영방송에 출연한 그 나라의 고위 성직자가 물질적 '재분배'야말로 평화를 사랑하는 하느님의 뜻이라고 역설하는 광경을 목격했다. 한국 교회에서는 언제 다시 이러한 양심의 목소리가 나올지 모르겠다.

정도전의 '경자유전'이란 주장 자체는 이미 낡았을지 모른다. 그러나 그 정신은 여전히 새롭다. 소수의 부자들이 국토와 자본의 대부분을 독점하고 있어, 더욱 그러하다. 지구 차원에서도 마찬가지다.

2011년 가을 뉴욕 월가에서 학생과 시민들은 전 세계 거대자본에 맞서 '월가를 점령하라(Occupy Wall Street)'는 구호를 외쳤다. 정도전이 추구하던 경제민주화는 여전히 숙제로 남아 있다.

개혁과 보수가 맞붙은
경연 풍경

권력자들은 자기네끼리 모여앉아 국가 현안을 토의하고 결정한
다. 나는 평범한 시민이라, 한 번도 그런 모임에 낀 적이 없었다.
권력자들은 도대체 무슨 이야기를 어떤 식으로 하는 것일까?

조선왕조실록에는 나의 궁금증을 풀어줄 이야기가 쌓여 있
다. 내가 특히 주목한 것은, 중종 때의 깨알 같은 기록이다. 개혁
정치가 조광조 등이 참석한 경연에 대한 이야기다. 그들은 어전
에서 경전의 심오한 뜻을 캤고, 이것을 당대의 현실 문제와 결부
시켰다. 잘은 몰라도 지금의 권력자들도 중요한 회의석상에서는
국내외 석학들의 이론을 인용하며 적절한 해결 방안을 강구하려
하지 않을까.

정암(靜庵) 조광조(趙光祖, 1482~1519)가 정력적으로 개혁을 추구
하던 1518년(중종 13) 9월 15일의 일이었다. 그날 경연에서는 『대
학(大學)』이란 경전이 화제였다. 길고 긴 그들의 토론을 편의상 3
회전으로 쪼개보았다. 1회전과 2회전은 순수한 학문적 논의다.

처음에는 주로 '인(仁)'을 논의했고, 나중에는 '경(敬)'의 의미를 따졌다. 3회전에 이르러 토론은 정치적으로 민감한 사안에 미쳤다. 혈통이 끊기고 만 노산군(단종)의 계보를 이어줄 것인가 하는 문제였다.

여기서 길게 말할 겨를은 없으나, 조광조의 개혁사상에는 몇 가지 흥미로운 특징이 있었다. 첫째, '언로의 개방'을 중시했다. 조정의 정치에 관해 선비들이 자유롭게 의견을 개진할 수 있어야 한다는 것이었다. 조광조 등은 국가권력이 소수의 특권층에 의해 좌지우지되는 현상을 없애려 했다.

둘째, 향약(鄕約)과 『소학』을 중시했다. 아직 관직에 등용되지 못한 선비들도 유교적 도덕을 바탕으로 정치에 개입할 수 있는 권리를 인정한 것이었다. 이로써 선비라면 누구든지 자신의 고향에서 지역공동체의 운영에 적극 참여할 길이 활짝 열렸다.

셋째, 과거제도의 폐단을 줄이기 위해 천거제를 도입했다. 과거제도를 시행한 지가 오래되면서 선비들은 시험 자체에 몰입할 뿐이었다. 성리학의 진정한 의미를 깊이 연구하는 사람이 날로 줄어들었다. 과거시험을 통해 선발된 관리들이 백성을 위한 정치를 하고 있는지 의심스러운 경우가 많았다. 이에 조광조는 국왕을 설득해, 이른바 '현량과'라는 추천제 시험을 도입했다.

한마디로 조광조 일파는 여러 가지 개혁을 추진해, 조선 사회를 유교적 이상국가로 만들기를 원했다. 결코 쉽게 성사될 일이 아니었다.

아무튼 그날의 경연에 참가한 사람은 중종을 비롯해 총 13명이었다. 영의정 정광필(鄭光弼)을 비롯해, 좌의정 신용개(申用漑)와 우의정 안당(安瑭)이 참석했다. 의정부 좌참찬 조원기(趙元紀)와 예조판서 이계맹(李繼孟), 호조판서 고형산(高荊山), 형조판서 이유청(李惟淸)도 있었다. 조정 원로대신들이 골고루 참석한 자리였다. 개혁파의 수뇌부도 모두 참석했다. 홍문관 부제학 조광조를 정점으로, 대사헌 김정(金淨), 도승지 문근(文瑾), 승지 권벌(權橃)과 김정국(金正國)이 참석했던 것이다.

경연에서 누가 발언을 많이 했는가를 살펴보면, 그날의 경연을 주도한 세력이 절로 드러난다. 학문적 토론을 좌우한 이는 조광조와 그의 동료 김정이었다. 시사문제를 적극 거론한 이도 그들의 동료인 권벌과 김정국이었다. 대신들 중에는 소극적으로나마 토론에 참가한 경우도 있었으나, 대다수는 침묵으로 일관했다.

1회전에서는 세 정승이 차례로 돌아가며,『대학』의 핵심인 '인'과 '경'의 정의를 요구했다. 조광조 등 개혁파 소장관리들이 답변에 나섰는데, 좌중의 주목을 끈 이는 김정이었다. 특히 그는 '경'의 가치를 강조하여, "경(敬)에는 인(仁), 경(敬), 효(孝), 자(慈), 신(信) 다섯 가지 뜻이 담겨 있습니다"라고 말했다.

2회전은 김정이 말한 '경'의 개념과 기능에 대한 토론이었다. 조광조와 김정의 질의응답이 몇 차례 길게 이어졌다. 원로대신 이유청, 신용개, 조원기 등도 논의에 가세했는데, 조광조의 무거운 한마디로 토론이 막을 내렸다.

"임금은 천하와 한 나라를 다스리는 존재라, 임금이 공경하는 마음을 가진다면 온 천하에 공경하지 않는 이가 사라질 것입니다."

이제 3회전이 시작되었다. 승지 권벌은 조광조의 견해에 찬동하며, 중종의 마음가짐에 잘못된 점이 있다고 주장했다. 중종의 마음이 "공정하지 못해서" 노산군의 제사가 영영 끊어지고 말았다는 것이다. 이제라도 노산군의 후사를 정해 제사를 지내게 하는 것이 '인'의 실천이요, '경'의 도리라고 했다.

개혁파의 최고 이론가 김정이 권벌을 엄호했다. 먼 옛날 중국의 고전시대에는 망한 왕조라도 제사를 잇게 하는 법도가 있었다고 했다. 그것이 임금의 '공정'한 도리라는 것이었다. 김정국도 거들었다. 그는 송나라 사마광의 학설을 빌려, 중종의 우유부단함을 비판했다. 그는 과거 왕자의 난(1398년) 때 희생된 방번과 방석의 경우에도 훗날 세종이 광평대군 이여(李璵)와 춘성군 이당(李讜)을 통해 후사를 이은 전례가 있다는 점을 강조했다.

요컨대 조광조 일파는 노산군의 뒤를 이어주자는 견해였다. 그러나 원로대신들은 찬성하지 않았다. 그들 중 일부는 유보적인 견해를 내놓았으나, 영의정 정광필은 적극적으로 반대했다. 중종도 반대 의견에 합류했다.

"선왕께서 하지 않은 일이다. 내가 태도를 바꾸어 노산군의 후사를 정하는 것은 잘못이다."

중종과 원로대신들의 주장에는 뚜렷한 명분도 이론적 근거도 없었다. 그들은 조광조 일파의 제안을 거부할 만한 실질적인 이유를 대지 못했다. 그러면서도 신중론의 뒤에 숨어, 개혁파의 주장을 꺾었다. 후세의 역사가 중에는 정광필 등 그 시절의 원로대신을 조광조의 일파로 보는 이가 많으나, 재고할 점이 많다.

그날의 경연 풍경은 조광조 등 개혁세력의 비극적 운명을 예고하는 것이었다. 젊은 개혁가들은 고전에서 배운 명분과 의리를 바탕으로 현실을 바꾸려 했다. 그랬기에 임금의 면전에서 감히 임금의 약점을 고발했던 것이다. 허나 기득권층과 긴밀히 연결되어 있던 원로대신들은 신중론을 내세우며, 개혁의 동력을 끊기에 바빴다.

1519년(중종 14) 겨울, 중종과 그의 측근들은 조광조를 비롯한 개혁파를 좌절시켰다. 이른바 '기묘사화'를 일으켜, 조광조와 김식을 비롯한 개혁파의 핵심세력을 모두 죽였다. 나머지는 멀리 귀양을 보내거나 관직에서 쫓아냈다. 개혁파가 중시했던 향약, 『소학』 등은 다시는 감히 누구도 읽거나 말을 꺼내지도 못하게 했다. 추천제 과거시험인 현량과도 무효임을 선언해, 그 시험에 합격한 인사들의 관리 임용 자격을 박탈했다. 역사의 시계가 거꾸로 돌아갔다. 조광조의 제자와 손제자들은 그로부터 수십 년이 지난 16세기 후반이 되어서야 조정에 복귀했다.

지금 이 나라의 처지는 어떠한가. 정부, 국회 및 사법부의 움직임을 보자. 지난 정권보다 한결 나아졌다고 하지만, 다수 시민들의 의사에 어긋나는 결정과 공익을 외면한 판단이 아직도 많다. 개혁이라면 고개를 내젓는 기득권층의 뿌리 깊은 악습은 여전하지 않은가.

조헌, 역사가 잊은 조선 후기의 '진보적 지식인'

요즘 세상 돌아가는 모양을 보면, 상식적으로 납득할 수 없는 일이 너무 많은 것 같다. 청탁금지법 때문에 학부형들은, '스승의 날'에 감사의 마음을 담은 꽃 한 송이도 선생님에게 선물하지 못한다. 그러나 법무부의 고관들은 다르다. 그들은 '돈봉투 잔치'를 해도 아무 탈이 없다. 세상에 이런 답답한 일도 있는가?

직업상 나는 조선 후기의 역사책을 날마다 읽는다. 그 시절에도 답답한 일은 적지 않았다. 비리와 부패로 이득을 본 사람들은 늘 그렇듯 기득권층이었다. 그 반대편에는 진보적 지식인들이 있어, 정의의 실종을 막기 위해 비판의 칼날을 벼렸다. 반계 유형원, 성호 이익 같은 실학자들이 그러했다.

그런데 조선의 진보적 지식인 가운데는 후세가 망각한 이들도 있다. 중봉(重峯) 조헌(趙憲, 1544~1592)이다. 그의 언행은 범상치 않았다. 임진왜란이 일어나기 한참 전, 그는 국방의 허술함을 지적하며 철저한 대비를 주문했다. 1592년(선조 25), 왜군이 바다를 건너 물밀듯 쳐들어오자, 조헌은 초개처럼 자신의 몸을 던져 적의 날카로운 칼날을 가로막았다.

조헌은 율곡(栗谷) 이이(李珥, 1536-1584)의 으뜸가는 제자였다. 바로 그 때문에 반대파들의 집중 공격을 받고 일찌감치 벼슬길에서 쫓겨났다. 율곡이 죽고 2년이 지난 1586년(선조 19), 조헌은 충청도 공주제독관(향교교육 담당관)을 끝으로 다시는 벼슬을 하지 못했다. 당쟁에 휘말려 함경도 길주로 귀양을 가기도 했다. 그는 임진왜란이 일어나자 고향인 충청도 옥천에서 약 2천 명의 의병을 일으켰다.

조헌은 승병장 영규(靈圭)와 함께 적으로부터 청주를 탈환했다. 이어 전라도로 밀려드는 왜군을 막기 위해 충청도 금산으로 갔다. 그때 관군의 방해로 휘하의 의병이 사실상 해산되었다. 그럼에도 왜군의 전라도 진출을 차단하기 위해 끝까지 싸우다 전사했다. 그와 함께 순국한 의병이 700명이나 되었다.

임진왜란이 일어나기 전부터 조헌은 전란의 기미를 알아차려, 일본이 보낸 사신의 목을 베자고 주장했다. 하지만 선조와 그 측근들은 조헌의 목소리를 철저히 외면했다. 그럼에도 불구하고 조헌은 사회적 모순을 해결하기 위해 모든 노력을 기울였다. 그는 잇달아 현안을 제시했고, 대안을 만들기에 바빴다. 조선 사회의 '리셋'을 위해 조헌은 고뇌했던 것이다.

조헌의 삶은 400년이 넘는 긴 시간의 장벽을 넘어 오늘날에도 공명을 불러일으킬 정도다. 그가 주목한 사회문제는 다양했지만, 이 글에서는 세 가지만 간단히 짚어보겠다. 나머지 자세한 내용은『중봉집(重峯集)』에서 확인하기 바란다.

첫째는 인재 등용의 한계점이었다. 조헌은 명나라의 실례를 들어가며, 조선의 폐습을 도마 위에 올렸다.

당시 중국에서는 관리 후보자의 문벌(門閥)을 따지지 않고 재능만을 심사했다. 그러했기에 풍수사의 아들 손계고(孫繼皐)도 수찬(修撰)이라는 영예로운 관직에 임명되었다. 또 어머니가 노비였던 성헌(成憲)은 편수관(編修官)의 자리에 올랐다.

조선은 그와 딴판이었다. 조헌은 고려 중엽부터 권력층이 신흥 세력의 성장을 차단하기 위해 "서얼(庶孼)들이 과거를 보지 못하게 막았다"라고 성토했다. 조선시대가 되자 가뜩이나 좁은 인재 등용의 길이 더욱 막혔다며, 그는 한숨을 쉬었다. 알다시피 조선 왕조의 기본 법전인『경국대전』에는 재혼한 여성의 자손까지도 벼슬을 금한다고 되어 있다.

조헌이 연구한 바에 따르면, 중국의 법과 전통은 완전히 달랐다. 북송의 명재상 범중엄(范仲淹)의 어머니도 재혼한 여성이었다. 서얼이라도 재주만 있으면, 얼마든지 높은 관직에 등용되었다. 서얼로서 중국사에 이름을 빛낸 인물은 헤아릴 수 없이 많았다. 이러한 역사적 사실을 근거로, 조헌은 인재 등용의 기준을 재정립하자고 말했다.

둘째, 조헌은 여성의 재혼을 금지하는 풍습도 반대했다. 그는 이렇게 말했다. "만물이 태어나고 확산되는 근원을 막거나 끊기게 해서는 안 된다. 딸이 이미 장성하였는데 시집보내지 않는다면 벌을 받아야 한다. 일찌감치 과부가 되어 의지할 데가 없는 이에게는 개가(改嫁)를 허용해야 한다."

명나라에서는 당사자인 여성의 뜻에 따라 재혼도 할 수 있고, 수절도 했다. 조헌은 그런 사실을 알고 나서 무릎을 쳤다. 그러나 조선에서는 여성이 재혼하면 자식들의 앞길이 막혔기 때문에, 도리어 끔찍한 범죄행위가 도처에서 일어나고 있었다.

"남모르게 간통했다가 자식을 낳으면, 밤에 내다버리는 일이 이루 열거할 수 없이 많다." 조헌이 남긴 기록이다. 재혼을 못하게 막기 때문에, 외려 많은 문제가 일어났다는 것이다. 당사자인 여성의 의사를 존중하자는 것이 조헌이 찾은 해결책이었다.

셋째, 조헌은 노비 문제의 청산을 주장했다. 조선시대에는 군역(軍役)의 부담이 너무 컸다. 사람들은 군역을 피하기 위해 아들을 절로 보내거나, 아니면 남의 여종과 결혼하게 했다. 생계가 곤란한 백성들이 앞을 다투어 내수사(內需司)에 국가의 종으로 등록했다. 결과적으로 16세기 조선 사회에는 노비가 넘쳐났다.

조헌은 지위고하를 막론하고 노비 소유를 제한하자고 말했다. 국가기관인 내수사의 노비 수도 크게 줄이자고 했다. 당시 조선의 노비 수는 전체 인구의 30퍼센트를 상회할 정도였다. 일부 양반 가문은 수천 명의 노비를 소유해, 많은 경제적 이득을 취했다. 노비는 주인에게만 의무를 다할 뿐, 국가에 대해서는 부역과 군역의 의무가 없었다. 이 때문에 노비 수가 증가했고, 국가 재정은 나날이 악화되었다.

조헌은 노비에 대한 비인간적인 처우도 바로잡고, 국가의 재정 문제도 해결하고자 했다. 그는 수십 년 뒤에는 노비제도가 사실상 폐지될 수 있기를 바랐다.

조헌은 늘 사회개혁의 의지를 불태웠다. 1574년 명나라에 질
정관(質正官)으로 갔을 때도 그는 중국의 법과 풍습을 조사했다.
조선의 사회문제를 해결할 방안을 찾아내기 위해서였다. 그의 개
혁안이 기득권층의 반대에 부딪혀 침몰하고 만 것은 실로 유감이
다. 진보적 지식인이었던 조헌의 좌절은 단지 개인의 몰락에 그
치지 않는다. 이후 조선 사회는 회생의 길에서 더욱 멀어졌다.

역사가 만병통치약은 아니다. 그러나 역사를 곰곰이 살펴보면,
문제 해결의 실마리가 보일 때도 있다. 조헌은 오늘의 진보적 지
식인들에게 무언중에 가르침을 주고 있다. 보수기득권층은 강대
국에게만 머리를 조아릴 뿐, 사회의 모순을 적극적으로 해결하려
는 의지와 노력이 전혀 없다. 그들은 국가가 누란(累卵)의 위기에
처해도 눈앞의 이익을 꾀하는 데 여념이 없다. 16세기에도 다르
지 않았다. 당대 기득권층의 반대로 인해 조헌이 한 번도 개혁의
기회를 얻지 못하고 쓰러진 것은 실로 안타까운 일이다.

퇴계 이황,
노비를 고발하다

16세기의 대학자 퇴계(退溪) 이황(李滉, 1501~1570)은 일찍이 벼슬을 버리고 고향으로 돌아갔다. 조부인 진사 이계양 때부터 그의 집 안은 예안의 온계리(지금의 경상북도 안동)에 모여 살았다. 그들은 이 웃에 사는 여러 선비 집안과 함께 온계동약(溫溪洞約)을 정했다. 성리학적 이상을 실천하기 위한 노력이었다.

성리학은 조선 선비들이 추구하는 목가적 전원생활의 이념적 뿌리였다. 중종 때 조광조가 개혁정치를 펼치면서 '향약'의 필요 성을 강조한 이유도 그 점에 있었다. 엄밀히 말해 '향(鄕)'은 고을 이요 '동(洞)'은 마을이다. 그러나 동약을 향약이라고 일컫는 경우 도 많았다. 15세기 말 정극인이 전라도 태인에서 처음 실시한 것 으로 보이는 동약, 이것이 각 지방으로 퍼져나간 것은 단지 시간 문제였다.

동약과 향약의 가장 중요한 기능은 무엇이었을까. 사족(士族) 들이 지역 현안에 관해 자신들의 입장을 관철하는 공적 통로를 마련하는 것이었다. 신분질서를 확립하고, 유교(성리학) 도덕을 실천하는 것도 중요한 일이었다.

그런데 퇴계가 귀향했을 때 온계동에는 난처한 사건이 일어났다. 노비들의 간통사건이었다. 퇴계는 이 문제를 조용히 처리하고자 했으나 뜻대로 되지 않았다. 사태를 염려한 그는 온계동약의 운영주체인 동회(洞會)에 한 통의 공개서한을 보냈다. 「온계동내(溫溪洞內)에 보내다」라는 이 글에서는 신중하고도 엄격한 퇴계의 성품이 느껴진다.

사건의 내막은 이러했다. 종 범금이와 종 손이는 본래 한 마을에 사는 친구였다. 불행히도 손이는 일찍 죽었다. 그런데 범금이는 친구 손이가 살아 있을 때부터 남몰래 손이 아내와 간통했다. 손이가 죽자 그들은 함께 살기로 작정했고, 이를 위해 범금이는 자기 아내를 강제로 쫓아냈다.

손이는 사노(私奴)였으나 살림은 넉넉했다. 그는 상당량의 옷감과 곡식을 유산으로 남겼다. 이를 물려받은 그의 부정한 아내는 재산을 몽땅 정부(情夫) 범금이와 흥청망청 써버렸다. 보다 못한 손이의 옛 상전이 사람을 보내 그녀의 잘못을 꾸짖었다. 그러자 그녀는 원한을 품고 차마 입에 담기 어려운 욕설을 퍼부었다.

손이 아내는 친척들과 모의한 끝에 곧 마을을 떠날 것처럼 꾸며댔다. 사실 그녀는 정부 범금이와 마을에서 함께 살 생각이었다. 그녀는 마을 사람들의 반응을 알고자 했던 것이다. 마을 사람들은 크게 분개했다. 그들은 두 사람을 붙잡아서 벌을 주었다. 그러나 그 뒤로도 범금이와 손이 아내는 동약을 무시하고 간통을 계속했다.

퇴계는 이러한 사정을 낱낱이 기록하여 '동회'에 서면으로 보고했다. 말미에 그는 자신의 생각을 다음과 같이 기술했다.

이 사람들의 죄상은 이와 같고, 윤리도덕에 어긋남이 분명합니다. 설사 국가의 대사령이 있다 하여도 용서할 수 없을 것입니다. "만약 믿는 바가 있어서 다시 죄를 저지를 경우에는 목을 벤다"는 옛날의 법이 있습니다. 저의 생각은 개인적인 원한에서 비롯된 것이 결코 아닙니다. 그들 두 사람의 죄는 도덕에 비추어 엄히 다스려야 합니다.

한마디로 손이 아내와 범금이를 중죄로 처벌하지 않을 수 없다는 주장이다. 이 사건을 어물어물 넘어가면 온계동약의 존재 의미는 사라지고 만다. 이것이 퇴계의 엄중한 경고였다. 이런 중죄인을 엄벌에 처하지 않으면 마을의 풍속은 퇴락하여, 이후로는 어떠한 도덕적 명령도 힘을 잃고 만다는 것이었다.

퇴계 이황은 인자한 성품으로 유명했다. 그런 그가 뜻밖에도 극형을 주장했다. '배우지 못한 종들은 어쩔 수 없다'며 슬그머니 물러설 수도 있었을 법한데, 퇴계는 도덕의 칼날을 벼렸다. 이 사건은 조선 사회가 계층을 초월한 '도덕의 시대'에 접어듦을 알리는 신호탄이었다. 평민은 물론 노비조차 성리학적 윤리를 따르지 않으면 안 되는 '윤리의 시대'가 열린 것이었다.

이후 전국의 읍지, 즉 인문지리 서적에서도 확인되듯이 평민은 물론 노비들도 충(忠), 효(孝), 열(烈)을 실천했다. 그들은 국가와 지역사회로부터 표창을 받았다. 그런 사례가 날로 증가하면서 선비의 가치관이 모두의 공유물로 바뀌었다. 18세기 이후에는 하층민의 사랑을 듬뿍 받는 판소리와 소설이 유행했다. 그 주제는 사실상 유교 도덕에 국한되다시피 했다. 심지어 무가(巫歌)에도 유교적 가치관이 지배적이었다. 이런 현상이 나타나게 된 것은 우연이 아니었다.

신분과 성별을 초월한 '예(禮)'의 구현. 이것은 아마도 이황이 간절히 소망한 바였을 것이다. 그러나 온 나라가 선비의 가치관을 신봉하게 되었다고 해서 과연 사람이 살기 좋은 세상이 되었던가. 이황은 성리학적 이념에 지나친 기대를 걸었던 게 아닐까.

송익필의 고난,
우연과 광기의 역사

구봉(龜峯) 송익필(宋翼弼, 1534~1599)을 아시는가. 그는 시와 문장에
뛰어나서 당대의 8대 문장가로 손꼽혔다. 석학 우계(牛溪) 성혼(成
渾, 1535~1598)과 율곡(栗谷) 이이(李珥, 1536~1584)는 그와 마음을 허
락한 사이였다. 그들의 우정을 증명하는 편지가 많이 남아 있다.

성혼의 『우계집』에서 서너 통만 꺼내어 보자. "숙헌(이이)이 형의
편지를 옷소매에 넣어 가지고 와서 제게 보여주었습니다. 봉함을
뜯고 두 번 세 번 되풀이 읽었습니다." 경신년(1560) 10월에 성혼
이 송익필에게 보낸 편지다.

성혼은 그를 학술모임에 초대하기도 했다.

> 숙헌이 요즘 임진 나루에 머물고 있습니다. 저희 집이 다소 넓기에,
> 네댓 날쯤 문회(文會)를 열어 『대학』과 『논어』를 강론할 생각입니다. 형
> 님이 왕림하여 질정해주시기를 부탁합니다. (1577년 윤8월)

3인의 대학자는 서로 편지를 공유할 정도로 가까웠다.

형님에게 보내는 숙헌의 편지를 전해 받았습니다. 편지를 미리 뜯어 보아도 좋다는 숙헌의 허락이 있었지요. 실례를 무릅쓰고 제가 읽어보 았더니, 숙헌의 날카로운 칼날도 형님에게 완전히 제압되었군요. 제 마음에 큰 위로가 되었답니다. (1579년 11월)

송익필은 초야에 묻혀 지냈으나 그의 정치 감각은 예리했다. 이따금 그는 친구들의 요청을 받아들여 정치적 조언도 아끼지 않았다.

때로 형님이 숙헌에게 경계하고 꾸짖는 말씀을 주십시오. 그가 시류 를 좇는 재상이 되지 않게 하시면 여간 다행이 아니겠습니다. (1583년 4 월)

이이가 이조판서에 임명되자, 송익필은 몇 사람을 천거했다. 이 이는 그 명단을 창가에 붙여놓고 거듭 살펴보았다. 이에 제자 김 장생이 깜짝 놀라, 그 쪽지를 없애는 것이 좋겠다고 말했다. 이이 의 대답은 간단했다.

"이것이 무슨 잘못인가? 인재를 논의하는 것은 옛 성현도 마다 하지 않으셨소."

송익필에게는 한 가지 약점이 있었다. 노비의 피가 그의 몸에 흐르고 있었다. 그의 할머니는 명문인 안씨 집안의 종이었다. 그런데 그녀의 아들, 곧 송익필의 아버지 송사련(宋祀連)이 기묘사화의 와중에 주인 집안을 반역죄로 고발하여 벼슬을 얻었다(1521).

그 일이 있고 60여 년의 세월이 흘렀을 때였다. 조정에서는 사건을 재조사해야 한다는 여론이 일어났다. 결과는 충격적이었다. 송사련이 역모사건을 조작했다는 것이다. 안씨들은 즉각 복권되었다. 그들은 복수심을 불태우며 송사를 벌여, 송익필 일가를 다시 노비로 만들려고 했다. 그 재판에서도 송씨는 지고 말았다.

왜 갑자기 이런 일이 일어났을까? 당시 집권세력이 송익필을 불구대천의 원수로 보았기 때문이다. 그들은 송익필을 서인의 '모주(謀主)'라며 처벌을 서둘렀다. 요컨대 당쟁의 광기가 빚은 사건이었다.

훗날 송익필의 제자였던 서성(徐渻), 정엽(鄭曄) 등이 인조에게 올린 상소문에 그 전말이 상세히 기록되어 있다. 동인의 선봉장격인 이발(李潑)과 백유양(白惟讓)이 이이, 성혼 등의 서인을 무차별 공격하다 못해 그들의 막역지우인 송익필까지 없애려 들었다. 김장생(金長生)은 반정공신 이귀(李貴)에게 보낸 편지에서 속사정을 더욱 자세히 설명했다. 1586년(선조 19) 이발은 어전에서 송익필을 강력히 규탄했다. 송익필이 제자들을 총동원해 조정의 권위에 도전한다는 고발이었다. 또 이발은 안씨들을 사주해 송사를 일으켰다고도 했다. 당시 판관, 즉 재판관은 법에 따라 안씨들의 패소를 선고할 예정이었다. 이발은 재판관을 연달아 세 번씩이나 갈아치운 끝에, 마침내 송익필 일가의 패소로 사태를 종결지었다.

하루아침에 송익필과 그 일족의 신분이 노비로 강등되었다. 안씨들은 송익필 등을 붙잡아서 종으로 사역시키려 했다. 안씨들의 추격을 피해 송씨들은 뿔뿔이 흩어졌다. 학식이 높아 많은 제자를 거느린 송익필도 하루아침에 도망자 신세가 되고 말았다.

사태를 예의주시한 조헌은 상소를 올려, 송익필의 처지를 변호했다. 이 모든 사태는 당쟁의 광기에서 비롯되었다는 것이었다. 심지어 이산해는 송익필에게 "만일 그대가 이이가 죽은 다음에 그 집안과 관계를 끊었더라면 후환이 없었을 것"이라고 압박할 정도였다. 조헌은 이러한 사실도 낱낱이 예시했다.

송익필의 친구 성혼은 반대파로부터 비난 세례를 받으면서도 굳게 우정을 지켰다. 1589년(선조 22) 가을, 성혼은 전라도 순창의 농장에서 수확한 많은 곡식을 극진한 편지와 함께 송익필에게 보냈다. 충청도 연산의 김장생 일가도 송익필을 보호했다. 김장생의 숙부 김은휘(金殷輝)는 궁지에 빠진 옛 친구를 집으로 불러들여 10여 년 동안 생계를 돌보아주었다. 그 오랜 세월 동안 송익필을 몸소 봉양한 이는 제자 김장생이었다.

송익필이 별세한 뒤에도 제자들은 스승의 억울함을 호소했다. 그들은 집단으로 상소를 올려 송익필의 명예회복을 부르짖었다. 조선에는 '양인이 된 지 60년이 지난 경우, 다시 노비로 되돌릴 수 없다'는 법이 있었다. 제자들은 이 조항을 인용하며 스승의 신분 회복을 주장했다. 제자들은 당쟁에 희생되고 만 스승의 처지를 변호한 것인데, 사태의 반전은 쉽지 않았다. 송익필의 명예가 회복된 것은 조선 왕조가 망하기 직전이었다.

1910년 7월 26일, 순종은 송익필에게 규장각제학(奎章閣提學)의 벼슬을 추증하고, 문경(文敬)이란 시호를 내렸다. 송익필은 학문이 뛰어났고, 세상을 건질 만한 포부와 능력이 있었다. 그럼에도 개인적 원한과 당쟁 때문에 평생 동안 조정의 배척을 받아 미관 말직조차 얻지 못했다. 숱한 세월을 그는 산림에 숨어 지냈는데, 목숨조차 연명하기 어려운 상황이었다. 연산의 김씨들이 보살펴 주지 않았더라면 천수를 누릴 수 없었을 것이다.

지금 우리가 사는 세상에도 도처에 억울한 송익필들이 있다. 세상이 많이 좋아졌다고 하지만 맹목적인 차별과 진입 장벽은 크게 줄지 않았다. 여성을 폄하하고, 지역을 차별하고, 학벌을 절대적인 기준처럼 들이대며 진로를 가로막는 행태가 실은 어디에서나 자행되고 있다.

분배의 정의는
왜 중요한가

조선 후기 사회는 짙은 어둠에 갇혀 있었다. 실학자 성호 이익은
당시의 안타까운 사정을 「생재(生財)」라는 글로 표현했다.

가장 큰 문제는 놀고먹는 양반이 많았다는 점이다. 이는 벌열
(閥閱)을 숭상하는 사회 분위기와 관계가 깊었다. "높은 벼슬을 하
는 사람이 한 명만 있어도, 친척들은 농기구를 모두 내다버린다."
과장된 말일 테지만, 출세한 일가붙이에게 얹혀사는 사람이 그만
큼 많았다는 뜻이다.

당시 기득권층은 노비들의 노동력에 의존해 살았다. "자신은
문관도 무관도 아니며, 가까운 조상들도 벼슬한 적이 없었다. 하
지만 그들은 노비들 덕분에 여유롭게 산다." 노비의 세전(世傳)은
이웃나라에 없는 폐습이었다.

양반들의 노동혐오는 도를 넘었다. "농사를 짓는 양반이 있으
면, 그를 비방하며 혼인도 기피한다." 이런 사회라면, 산업이 위축
되는 것은 당연한 일이다.

오늘날 역사가들은 조선 후기에 농업이 발달하고 상공업도 활기를 띠었다고 주장한다. 그러나 당대의 실학자 이익은 전혀 다른 주장을 폈다. 누구의 말이 옳을까? 사회 현상이란 대단히 복잡다단한 것이라서, 어느 한쪽만 옳다고 보기는 어렵다.

어쨌거나 여기서는 이익의 주장을 경청해보자. 그의 전언에 따르면, 17~18세기 조선 사회는 부정부패가 매우 심했다.

"국가로부터 녹봉을 받는 사람도 그것으로는 도저히 살 수가 없다. 아전들에게는 아예 녹봉 자체가 없다. 따라서 관리는 누구나 뇌물을 먹고산다. 이것은 결국 백성에게서 빼앗은 것이다. 이리하여 백성들의 힘은 고갈되고 말았다."

이익의 눈에 비친 조선의 백성은 가련한 존재였다. "백성들은 살 의욕마저 잃어버렸다. 그들은 이제 농사일에 힘쓰지 않는다." 이익의 판단에 따르면, 당시 조선은 "천하에서 가장 가난한 나라"였다.

이익은 민생을 구제하고자 고뇌했다. 궁여지책으로, 그는 화폐를 폐지하는 것이 좋겠다고 말했다.

"돈은 탐관오리에게나 편리한 수단이다. (부자들이) 사치를 부리는 데 편리한 것이다. 화폐는 도둑에게나 편리할 뿐, 농민에게는 불편하다."

상업의 발전과 유통의 증가가 민생을 해친다는 것이다. 이익은 그렇게 생각했다. "요즘 시골에 시장의 수가 자꾸만 늘어난다. 사방 수십 리에 장이 서지 않는 날이 하루도 없다. 그러나 시장은 놀고먹는 이들에게만 이익이 된다."

조선 후기의 대표적인 실학자 이익, 그는 시장의 규모를 축소하는 편이 민생에 도움이 된다고 주장했다. 천만 뜻밖의 이야기가 아닌가? 이익은 시장의 기능을 국한해, 최소한의 생활필수품만 거래하는 장소로 만들고자 했다. 그는 경제 규모가 커진다고 해서 자동적으로 나라가 부강해지는 것은 아니라고 보았다.

그럼, 도탄에 빠진 민생을 살리는 길은 어디에 있을까? "백성을 해치거나 겁탈하지 말라. 그들이 죽음의 길에서 벗어나 살길을 찾게 하자." 이익은 사회정의의 구현이 시급한 과제라고 단언했다.

"모든 농토를 권력자들이 차지했다. 그들이 농토를 강제로 빼앗아버렸기 때문에, 백성들은 죽어라 일해도 먹고살 수가 없다. 소작료를 내고 나면 소득이 반으로 줄고, 거기다 각종 세금을 제하고 나면, 농민의 몫은 수확량의 4분의 1에 불과하다."

결국 백성들은 땀 흘려 거둔 곡식을 "원수들에게 갖다 바치는 꼴"이 되었다는 것이다. 그러므로 성호 이익은 '분배의 정의'를 주장했다. 그는 농민의 생존이 보장되는 세상을 바랐다. 한전제(限田制), 곧 토지소유 상한제를 시행하여 지주제의 폐단을 획기적으로 줄이는 방안을 연구하기도 했다. 그는 영국의 존 로크나 존 스튜어트 밀과 유사한 '고전적 자유주의자'였다고 할까.

추사 김정희의 '실사구시',
동아시아 사상사의 비판적 성찰

'실사구시(實事求是)', 실지의 일에서 참 진리를 발견한다는 생각의 역사는 매우 오래되었다. 이런 주장이 처음 등장한 것은, 기원전 2세기 전한(前漢)의 하간헌왕(河間獻王) 때다.

그러나 세월이 흐르면서 '실사(實事)'는 차츰 잊혀갔다. 그 의미를 재발견한 사람들은 송나라의 성리학자들이었다. 그중 대표적인 인물이 주희(朱熹, 1130~1200)였다. 주희는 자신의 학문을 '실학(實學)'이라 주장할 정도였다. 이후 성리학이 주류 학문으로 부상하여 널리 유행하게 되자, 그것은 다시 '추상'과 '형식'에 매몰되었다.

훗날 청나라에서는 이미 현실과 괴리된 성리학을 비판하는 새로운 학풍이 등장했다. 이것이 바로 고증학이다. 고증학자들은 성리학을 비판하며, '실사구시'를 학문적 목표로 제시했다.

조선에서 '실사구시'의 진가에 주목한 이는 다름 아닌 추사(秋史) 김정희(金正喜, 1786~1856)였다. 그로 말하면 19세기의 대학자요,

독창적 예술가로서 17세기 이후 성장한 '실학파'의 종장(宗匠)이었다. 유형원, 이익, 정약용, 홍대용 등으로 이어진 일련의 사상적 흐름에 화룡점정(畵龍點睛), 즉 완성의 손길을 더한 이가 김정희였다.

김정희는 「실사구시설(實事求是說)」이라는 한 편의 의미심장한 논문을 집필하기도 했다. '실사구시'가 삶의 지표가 되어야 하는 까닭을 파헤친 것이다. 여간 흥미로운 일이 아니다.

『완당전집』 제1권에 실린 「실사구시설」을 조목조목 짚어가며, 김정희의 글에 담긴 깊은 뜻을 음미해보는 것이 좋겠다.

○ '실사구시설'의 역사적 기원과 그 전통

김정희는 '실사구시'의 전통이 아득한 옛날에 시작되었다고 주장했다. 그에 따르면, '사실에 의거하여 사물의 진리를 발견하려는 시도'는 결코 선입견에 좌우되지 않으려는 인간 의지의 표현이었다. 이 점에 대해 그는 다음과 같이 담담한 말투로 자신의 견해를 밝혔다.

> 『한서(漢書)』 하간헌왕전(河間獻王傳)에, "사실에 의거하여 사물의 진리를 찾는다(實事求是)" 하였다. 이것은 학문을 하는 데 있어 가장 중요한 이치다. 만일 사실에 의거하지 않고 허술한 방법을 편하게 여기거나, 진리를 구하지 않고 선입견을 좇는다면, 성현(聖賢)의 도에 어긋나지 않는 것이 없으리라.

고대의 '실사구시' 전통을 이어간 것은, 한나라 때의 훈고학자(訓詁學者)들이었다. 그들은 경전의 뜻을 올바로 이해하기 위해 한 구절, 한 글자의 음과 뜻을 정확히 파악하고자 부심했다. 그러면서도 그들은 유교 경전의 해석이 형이상학에 치우치는 일이 없도록 스스로를 경계했다.

그 시절은 성인의 시대, 곧 공자와 맹자의 시대로부터 아주 멀리 떨어진 시대가 아니었다. 그리하여 한나라 때의 학자들은 이미 구전(口傳)을 통해 공자와 맹자의 가르침에 담긴 요체(要諦)를 이해하고 있었다. 김정희는 이와 같은 자신의 생각을 정리하여 다음과 같이 단언했다.

> 한유(漢儒)들은 경전(經傳)을 훈고(訓詁)했다. 그들은 스승에게서 가르침을 받은 것이 있어서 정실(精實)함이 최고 수준에 이르렀다. 성도인의(性道仁義) 등의 일도 그때 사람들은 모두 다 알고 있었기 때문에, 따로 깊이 논의할 필요가 없었다. 그리하여 자질구레하게 추명(推明)하지 않았다.

그러면 한나라 시대의 선비들은 경전의 뜻을 속속들이 다 알고 있었던가? 그럴 수는 없었다. 경전의 곳곳에는 의혹이 가시지 않은 대목이 존재했다. 그럼 어떻게 이런 문제를 해결할 것인가? 그에 관한 김정희의 생각은 이러했다.

"그러나 그들이 우연히 남긴 주석(註釋)이 있다. 이것은 진실로 모두 사실에 의거하여 진리를 구한 것이었다."

요컨대 한나라의 훈고학자들은 '실사구시'의 정신에 입각하여 학문적 의심을 극복했다는 것이다.

○ '실사구시'의 전통이 무너지다

김정희는 한나라 때 정립된 '실사구시'의 전통이 오래 지속되지 못했다고 판단했다. 그렇다면 과연 누가, 언제, 그리고 어떻게 진리 탐구의 바른 전통에 먹칠을 했을까?

> 진(晉)나라 때는 사람들이 노자(老子)·장자(莊子)의 허무(虛無)한 학설을 강론했다. 이로 인해 학문을 게을리 하는, 허술한 사람들이 편의를 좇았다. 결과적으로 학술이 크게 타락했다. 또 불교가 성행하였는데 선기(禪機)의 지혜란 지루하기만 해서 깊이 따져도 도달할 수 없는 지경이었다. 그리하여 학술이 또 변하고 말았다. 이는 한마디로 말해, '사실에 의거하여 진리를 찾는다(실사구시)'는 한마디 말에 모두가 상반(相反)된 결과였다.

문제의 실마리는 진나라 때(265~420) 나타났다. 당시 중국 사회는 무척 혼란스러웠다. 그러자 노자와 장자를 추종하는 도가(道家)가 유행했다. 인도에서 들어온 불교 역시 중국의 사상계에 주요 세력으로 등장했다.

그런데 도가와 불교의 학풍은 한나라 때의 훈고학과는 정반대였다. '실사구시'의 전통은 낡은 것으로 간주되어 배척의 대상이 되었다. 대신 추상적이고 형이상학적인 고담준론(高談峻論)이 인기를 얻었다. 김정희는 이 같은 학풍의 변화를 애석해했다.

○ '실사구시'의 부활과 혼란
당연히 그 뒤로도 학문의 역사는 계속되었다. 송나라 때
(960~1279)에 이르러 전통의 복구가 일어났다. 주희를 비롯한 성
리학자들이 '격물치지'를 추구하며, '실사구시'의 정신을 회복하
고자 했다. 그들은 유교 경전에 담긴 깊은 뜻을 재발견했을 뿐만
아니라, 과거에는 미처 생각지 못했던 재해석에 도달했다.
이것은 학문의 암흑시대가 끝나고, 화려한 문예부흥이 일어날
조짐이었다. 그때의 상황을 김정희는 꾸밈없는 말씨로 다음과 같
이 기록했다.

그 뒤 양송(兩宋: 북송과 남송)의 유자(儒者)들이 도학(道學)을 천명하
여, 성리(性理) 등의 일에 대해서 정밀하게 밝혀놓았다. 이는 실로 옛사
람들이 미처 알아내지 못한 진리를 발명한 것이다.

그러나 김정희는 송나라 시대의 학술을 화려한 언사로 떠들썩
하게 찬미하지는 않았다. 무슨 까닭인가? 그 시대의 성리학에는
'공허한 형이상학'이라는 고질적인 문제가 싹트고 있었기 때문이
다. 이때부터 차츰 '육왕(陸王)'의 학문이 대두하여 '실사구시'의 전
통은 다시 매몰되었다.
김정희는 남송의 유학자 육구연(陸九淵)의 '돈오설(頓悟說)'을 실
사구시의 주된 적으로 공격했다. 육구연의 불교적 사유는 명나

라의 학자 왕수인(王守仁)에게 이어져 양지론(良知論)이 등장하였다. 인간의 본성은 선하므로, 본성에 대한 이론적 모색보다는 실천에 중점을 두자는 견해였다. 김정희는 이를 문제 삼았다. 그는 그 두 사람이 유교를 불교로 만들어놓았다며, 다음과 같이 준엄하게 비판했다.

> 그런데 오직 육왕(陸王) 등이 또 실없는 공허를 기반으로, 유(儒)를 이끌어 석(釋)으로 들어갔다. 이것은 불교를 이끌어 유교로 들어간 것보다 더 심했다.

○ '실사구시'는 훈고학의 전통 위에 선다

'실사구시'의 전통은 과연 회복될 수 없을까? 김정희는 한나라 때의 훈고학을 되살리자고 주장했다. 이것은 청나라의 고증학자들과 일치되는 견해다. 우선 '실사구시'에 대한 김정희의 확고한 신념을 다시 확인해보자.

> 그윽이 생각하건대, 학문하는 도는 이미 요순·우탕·문무·주공(堯舜禹湯文武周孔)을 귀의처(歸依處)로 삼았다. 마땅히 사실에 의거해서 옳은 진리를 찾아야 한다. 헛된 말을 제기하여 그른 곳에 숨어서는 안 된다.

그럼 이제 훈고학에 대한 김정희의 평가도 정확히 알아보자. 그는 훈고학이야말로 진리에 접근하는 첩경이라고 확신했다. 그의 말을 직접 옮겨본다.

> 학자들은 훈고를 정밀히 탐구한 한유(漢儒)들을 높이 여기는데, 이는 참으로 옳은 일이다. 다만 성현의 도는 비유하자면 마치 갑제대택(甲第大宅: 크고 으리으리한 집)과 같다. 주인은 항상 당실(堂室)에 거처하는 법인데, 그 당실은 문경(門逕)이 아니면 들어갈 수가 없다. 훈고는 바로 문경인 셈이다.

따라서 김정희가 내린 결론은 간단명료하다. '실사구시'에 충실한 훈고학의 전통을 되살리자는 것이다. 달리 말해, 청나라의 고증학이야말로 참된 학문의 길이라는 뜻이다.

> 그러나 일생 동안을 문경 사이만 분주히 오가며 당(堂)에 올라 실(室)에 들어가지 못한다면, 이것은 끝내 하인(下人)에 그치는 것이다. 그러므로 학문을 하면서 훈고를 정밀히 탐구하는 것은, 당실을 들어가는 데에 어긋나지 않으려는 것이요, 훈고만 하면 일이 다 끝난다고 여기는 것이 아니다.

김정희는 학문의 목표가 '당실'에 들어가는 데 있다고 보았다. 즉 진리 또는 본질에 도달하지 못한 채 변죽만 울리는 행위는 겉보기에는 학구적으로 보일지 몰라도, 사실은 허위의 학문이라는 것이다. 진리를 향한 김정희의 열정이 느껴지는 대목이다.

○ 성리학 비판

김정희가 고증학의 길을 묵묵히 나아가는 것은 가능한 일이었을까? 유감스럽게도 그의 앞길을 가로막는 '학문의 적'이 도처에 존재했다. 김정희의 숙적은 다름 아닌 '성리학'이었다.

19세기에도 조선의 학계에는 성리학의 순정(醇正)을 고집하는 편벽한 이들이 대부분이었다. 이러한 사회현실을 괴로워하며 김정희는 성리학에 대한 비판의 칼날을 더욱 날카롭게 벼렸다. 성리학을 비판하는 그의 목소리에 잠시 귀를 기울여보자.

> 한나라 때 사람들이 당실에 대하여 심각하게 논하지 않았던 이유는, 그때 문경이 그릇되지 않았고 당실도 본디 그릇되지 않았기 때문이다. 그러나 진(晉)·송(宋) 이후로 학자들이 고원(高遠)한 곳만을 추구하며 공자(孔子)를 높였다. 그들은, 성현의 도가 이렇게 천근(淺近)하지 않을 것이라고 하며, 올바른 문경을 찾지 않았다. 심지어 특별히 초묘고원(超妙高遠)한 곳에서 문경을 찾게 되었다. 이는 허공을 딛고 올라가 용마루(堂脊) 위를 오가며, 창문의 빛과 다락의 그림자를 보고 사색에 잠기는 꼴이다. 그들은 깊은 문호와 방구석을 열심히 탐구하지만 끝내 이를 직접 보지 못하고 만다.

한마디로 성리학자들은 공자와 맹자의 사상을 과장하다 못해 일상에서 동떨어진 추상적이고 형이상학적인 사상으로 만들어버렸다는 것이다. "초월적이고, 오묘하며, 높디높고, 일상에서 멀리 떨어진 것", 즉 초묘고원(超妙高遠)한 사상으로 꾸며댔다는 비판이다. 성리학자들의 공담(空談)으로, 진리는 본래의 모습을 잃고 형해화(形骸化)되어버렸다는 것이다.

김정희는 진리란 구체적이고 일상적인 형이하학의 세계요, 그것은 보통 사람들의 삶에서 하루하루 실천되는 덕목이라고 확신했다. 이 점을 그는 다음과 같은 비유를 들어 설명했다.

혹은 옛것을 버리고 새것을 좋아하여, 갑제(甲第)에 들어가는 일에 대하여 말하기를, "갑제가 이렇게 얕고 또 들어가기 쉽지 않을 것"이라고 여긴다. 그리하여 별도로 문경을 열고 서로 다투어 들어간다. 그러다 보면 이쪽에서는 실중(室中)에 기둥이 몇 개라고 주장하고, 저쪽에서는 당상(堂上)에 용마루가 몇 개라는 것을 변론하느라 쉴 틈 없이 서로 다투는 식이다. 그러다가 자신의 주장이 이미 서쪽 이웃(西隣)의 을제(乙第)로 들어간 것도 모르게 된다. 그러면 갑제의 주인은 빙그레 웃으며 말한다. "나의 집은 이러하지 않다."

김정희는 성리학자들 사이에 만연한 '허학(虛學)'을 경계했다. 그들은 공자와 맹자의 가르침이 단순하다는 사실을 부정했다. 그들은 구체적이고 간단명료한 진리의 실체를 외면하고, 공연히 복잡하고 추상적인 변설을 만들어내는 데 몰두했다. 그리하여 결국에는 공자와 맹자가 애써 강조한 진리로부터 멀어진 것이다. 김정희는 성리학의 이기설(理氣說) 따위를 못마땅하게 여겼던 것이 틀림없다. 그럼에도 직접적으로 이를 문제 삼지는 않았다. 자신에게 쏟아질 비난의 화살을 피하기 위해서였을 것이다.

그가 만일 당대 기득권층의 학문적 보루인 성리학을 마구 흔들었더라면, 얼마나 멋진 일이었을까. 물론 그랬더라면 그는 목숨조차 지키기 어려웠을 것이다. 그래도 그 편이 후세를 위해서는 더 뜻깊은 일이 아니었을까. 그러나 내가 김정희에게 그런 엄청난 희생을 요구하는 것은 무리한 일이다.

○ 오직 '실사구시'의 정신으로!

이토록 김정희가 '실사구시'에 큰 의미를 부여한 까닭은 무엇일까? 참된 삶을 이루기 위해서였다. 진실, 곧 진리만이 우리의 삶을 밝히는 유일무이한 등불이라서 그런 것이다. '사물의 본의(本意)'를 모른다면, 삶은 어둠에 갇혀 헛되고 만다. 김정희의 간절함에는 이러한 확신이 존재했다. 그는 이렇게 말했다.

> 성현의 도란 몸소 실천하면서 공론(空論)을 숭상하지 않는 데에 있다. 진실한 것을 마땅히 힘써 공부할 일이다. 헛된 것에 의지하지 말지어다. 만일 그윽하고 어두운 가운데서 이를 찾거나, 텅 비고 광활한 곳에 이를 방치한다면 어떻게 될까? 시비를 가리지 못하여 본의(本意)를 완전히 상실할 것이다.

그렇다면 길은 오직 하나뿐이었다. 오랜 주저와 망설임 끝에 김정희가 도달한 결론은 다음과 같이 명확한 것이었다.

> 그러므로 학문을 하는 방법은 이런 것이다. 굳이 한(漢)·송(宋)의 한

계를 나눌 필요가 없다. 굳이 정현(鄭玄)·왕숙(王肅)과 정자(程子)·주자(朱子)의 장단점을 비교할 필요도 없다. 굳이 주희(朱熹)·육구연(陸九淵)과 설선(薛瑄)·왕수인(王守仁)의 문호를 다툴 필요도 없다. 단지 심기(心氣)를 침착하게 하여 널리 배우고, 신실하게 실천하라. '사실에 의거하여 사물의 진리를 찾는다'는 한마디 말만 주장하여 헤쳐 나가는 것이 옳다.

우리는 잡다한 여러 학설에 마음을 빼앗길 필요가 없다. 단지 마음을 평안히 하여, 널리 배우고 신실하게 실천할 뿐이다. 실천이 따르지 않는다면, 지식은 무용한 것이다. 그런데 이 모든 것에 앞서는 한 가지 공리(公理)가 있다. 그것은 '실사구시', 곧 사실에 의거하여 사물의 진리를 찾는 정신이다.

김정희가 '실사구시설'에서 강조한 진리 탐구와 실천의 정신이 담겨 있다. 그것은 시대의 폐습을 청산하기 위한 도전이었고, 삶에 진정한 의미를 부여하려는 용기의 표현이었다. 또한 자기 자신과 시대에 대한 책임감의 발로였다. 이처럼 확고한 신념이야말로 새 시대를 여는 창의적 리더십의 원천이다. 그것은 이 시대가 추구하는 실용적 가치의 구현이라 해도 좋을 것이다.

사족을 붙이자면, 김정희가 실사구시의 정신으로 중국과 조선의 옛 글씨를 비교 분석해 추사체라는 독특한 서체를 만든 것은 그다운 일이었다. 그러나 김정희가 난초 그림을 그릴 때 사실(寫實)이 아니라 사의(寫意)를 선택한 것은 실사구시의 노선에서 벗어난 일이 아니었던가.

김정희는 제자 조희룡(趙熙龍)이 난초의 실제 모습을 그리는 데 치중한다며 비판했다. 아들 김상우에게 보낸 편지에서 김정희는 난초의 기상을 그림으로 표현하라고 주문했다. 현재 남아 있는 김정희의 난초를 보아도 사의적(寫意的) 화풍이 역력하다.

여기서 우리는 한 가지 뜻밖의 사실을 발견할 수 있다. 그가 평생 추구한 '실사구시'는 자연과학적 의미의 사실주의와 거리가 멀었다는 것이다. 김정희의 관심 역시 물리나 화학이 아니라 도덕과 윤리의 차원에 머물렀다. 그는 눈에 보이는 실경(實景)에 관심을 두지 않았다. 그는 자신의 마음으로 느끼는 사물의 윤리적 의미를 파악하는 것으로 만족했다.

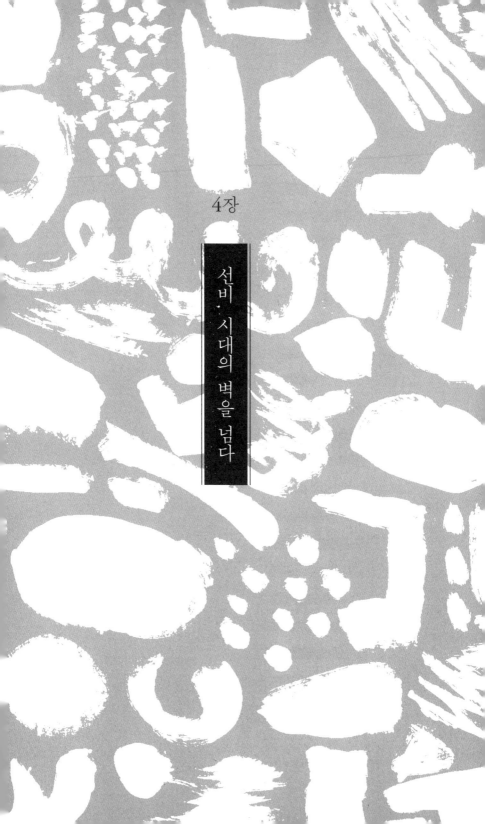

4장

선비, 시대의 벽을 넘다

세상을 개혁하기란 쉽지 않다. 기득권층의 저항이 만만하지 않기 때문이다. 그들은 부정, 불의, 불법을 자행해서라도 부와 권력을 차지하려 한다. 이것은 동서양을 막론하고 언제나 벌어지는 사회적 참상의 원인이다.

정의를 추구한 조선의 선비들은 부패의 수렁에 빠진 나라를 건지기 위해 고심했다. 때로 그들은 '비판과 풍자를 허하라!'고 외치며 여론을 환기했다. 하지만 그 효과는 미미할 때가 많았다. 성리학을 국가의 이념으로 삼았다고 하지만, 조선 사회는 시간이 갈수록 성리학의 이상으로부터 멀어져갔다.

아직도 많은 사람들은 영조와 정조의 시대를 '조선의 르네상스'라고 부른다. 그러나 그때는 조선 사회의 모순이 임계점에 도달한 '혼돈의 시대'였다. 그런 사실을 증명하는 많은 사건과 사고가 연달아 일어났다. 일례로 기득권층은 강이천 같은 수재들을 '불량선비'로 낙인찍어, 형장(刑杖) 아래 신음하게 만들었다.

기성체제의 모순에 분노한 선비들은 사회개혁의 새로운 길을 준비했다. 그들 가운데는 한국의 오랜 예언문화에서 답을 발견한 경우도 있었다. 성리학의 관점에서 본다면 허무맹랑한 예언서에 불과한 『정감록(鄭鑑錄)』이 민간에서 큰 인기를 끌게 된 역사적 배경이다. 『정감록』에는 이른바 '삼절운(三絶運)'이라 하여 조선 왕조가 겪게 될 세 번의 위기가 언급되어 있다. 임진왜란과 병자호란에 이어 조선을 멸망으로 이끌 사건이 일어난다는 것이다. 또 이씨의 국운이 다하면 정씨가 계룡산에 도읍한다는 예언이 나와 있기도 하다. 그밖에 난세가 되면 어디로 피난하는 것이 좋은지를 논했다. 이

밖에도 시운이 변할 때 나타날 여러 가지 이변을 연대기적으로 서술했다.

『정감록』의 인기는 18세기부터 나날이 높아져 19세기 말과 20세기 초에는 절정에 이르렀다. 예언을 믿고 많은 사람들이 길지(吉地)를 찾아 집단적으로 이주해, '정감록마을'을 이루기도 했다. 특히 계룡산 일대를 비롯해 경상북도 봉화, 충청북도 보은 등지에 그런 마을이 많았다. 근년에는 『정감록』을 근거로 정주영 또는 정몽준이 대통령이 된다는 황당한 이야기가 퍼진 적도 있었다.

하여간 중요한 사실은 『정감록』이 민심을 뒤흔든 것이 18세기부터였다는 것이다. 그때부터 많은 사람들은 다가올 새 세상을 꿈꾸며, 시대적 모순에 맞서 '문화투쟁'을 벌였다.

그런 과정에서 '금서(禁書) 소동'이 벌어지기도 했던 것이다. 동서양을 막론하고 금서 논쟁은 오랫동안 사라지지 않았다. 우리 사회에서는 바로 얼마 전에도 이른바 '블랙리스트', '금서목록'이 작성되는 등 혼미를 거듭했다.

이 장에서는 위에서 언급한 사항들을 간단히 짚어볼 생각이다. 그에 더하여, 19세기 동아시아 사회에 큰 충격을 주었던 동학농민운동에 대해서도 약간의 관심을 기울일 것이다. 당시 조정의 섣부른 '개방정책'이 농민들의 생계를 위협했고, 그것이 결국 사회적 뇌관을 터뜨렸다는 생각을 말하려는 것이다. 그리하여 전봉준 같은 새로운 유형의 선비들이 역사적 '실천의 장'으로 진입하게 되었다고나 할까.

부정부패의 늪에서
빠져나오려면

명분과 절개를 숭상하는 시대에도 청렴한 관리가 드물었다. 그저 가뭄에 콩 나듯 했다. 실학자 성호 이익은 김덕룡(金德龍)과 김덕곤(金德鵾) 형제의 청명(淸名)을 듣고 기뻐했다.

우선 김덕룡의 일화부터 들여다보자. 그가 평안감사로 재직하던 16세기의 일이었다. 당시 평양은 번화한 도시였다. 재화가 넉넉하기로 전국 으뜸이었다. 그래서였을까, 평안감사로 가기만 하면 대개는 재물의 유혹에 무너져버렸다. 김덕룡은 스스로를 경계했다. 그는 감사 임기 내내 관청에 들고나는 은덩어리와 값비싼 비단을 별도의 수장고에 넣어두고 일체 손대지 않았다. 이익의 기록에 따르면, 역대 평안감사 중에 청렴한 관리는 김덕룡과 선조 때 영의정을 지낸 이준경(李浚慶)뿐이라 했다.

김덕룡의 아우 김덕곤은 부러질 만큼 곧았다. 평안도 평사 시절, 그는 어사를 대신해서 명나라에 사신으로 다녀온 관리들의 소지품을 검사했다. 그 결과 역관 몇 명이 조정이 수입 금지한 물품을 다량 휴대한 사실이 드러났다. 그 물건들은 대왕대비(문정왕후)가 사사로이 부탁한 것이었다. 당시 김덕곤은 관직이 정6품에 불과했으나, 태연히 그 물건들을 압수해 불살라버렸다.

이조전랑 홍인경(洪仁慶)이 탄복하여, 김덕곤을 자신의 후임으로 천거했다. 그러자 명종이 대로했다. "끝내 그 미치광이를 불러들일 셈인가?" 성난 임금은 홍인경을 옥에 가두라고 명했다. 그러고도 분이 안 풀렸던지 임금은 김덕곤을 용인현감으로 좌천시켰다.

명종과 그의 모후 문정왕후의 태도를 보면, 부정과 부패의 깊은 뿌리는 결국 최고 권력과 깊이 연결되어 있었다. 청렴은 예나 지금이나 다들 입으로만 외워대는 구호일 때가 많다. 방방곡곡 어디든 탐욕에 찌든 무리들이 활개를 쳤다.

16세기 초 경상도 삼가(지금의 경상남도 합천군)에도 부패한 수령이 있었다. 그가 재임 중 병으로 죽자, 고을의 어느 선비는 수령의 시신이 담긴 관에 다음과 같은 시를 써 붙였다.

염라대왕께서 하늘의 나졸을 시켜 악독한 놈을 데려가셨도다.
이제 백성들의 시름과 원한이 사라지겠다.

이 시를 읽은 패관문학의 대가 어숙권(魚叔權)이 다음과 같이 평했다.

시가 멋지다고는 말하기 어려우나, 재물을 탐하고 독직을 일삼는 수

령을 경계할 만하다. (어숙권, 『패관잡기』 2권)

그러나 나는 어숙권의 주장에 쉽게 동의하지 못하겠다. 어느 탐관오리가 시를 겁내겠는가? 역사의 흐름은 외려 우리의 바람과는 반대로 흘러간 느낌이다.

정조는 "그 옛날 탐욕스러운 관리는 탐욕의 티가 보였다. 청렴한 사람은 청렴해 보여 구별이 가능했다. 그러나 요새 사람들은 교활하여 도무지 분간이 안 된다"라고 탄식했다(정조, 『홍재전서』 제176권).

18세기는 과연 부패가 심한 시대였던가 보다. 연암(軟巖) 박지원(朴趾源, 1737~1805)도 세태를 이렇게 기술했다.

근세에 이르러 명예로운 벼슬이 사라졌다. 사대부들은 전에 없이 태만하고 방자해져, 명예를 돌보지 않는다.

그들의 처신은 잡다한 구실아치(관아의 벼슬아치 밑에서 일을 보던 사람)나 다름없다. 집과 논밭 따위 재산을 장만하는 데 골몰하지 않는 관리가 없다. (박지원, 『연암집』 제3권)

부정부패의 늪에서 벗어날 방법이 있기는 했을까? 박지원의 궁여지책은 이러했다. "내 벗에게 충고하노니, 그대는 자중(自重)하여 상관에게 굽히지 말라."

'자중'은 무엇인가? 위엄을 부리고 무게 있는 척 굴라는 것인

가. 또 '굽히지 말라' 했으니, 상사에게도 오만하게 굴라는 뜻인가? 자중이란 "청렴하고, 간략하며, 신변을 깨끗이 정리하고, 매사에 신중할" 일이요, 굽히지 않는 것은 눈앞의 요직에 연연하지 말라는 뜻이다.

박지원의 대책이 21세기에도 유효할까 모르겠다. 지난 세월 이 나라에는 이른바 '복지부동'하며 권력의 눈치만 보는 관료가 많았다. 그들은 위에서 떨어지는 추상같은 말씀을 수첩에 주워 담기에 급급했다. 그들이야말로 선의를 가장한, '적폐'의 성실한 집행자들이었다. 관료들이여, 부디 자중하라. 굽히지 말 일이다.

그러나 우리는 안다. 이 사회가 부정과 부패의 고질적인 폐습에서 벗어나기는 쉽지 않을 것이다. 예부터 식자들은 근검, 곧 개인의 윤리적 행위에서 문제의 답을 구했으나 효과는 미미했다. 구한말의 대신 김윤식도 얼마 안 되는 전답을 아들들에게 나눠 주며 신신당부했다.

> 수확이 비록 얼마 안 되더라도, 너희가 근검하여 애써 경작하면 의식의 걱정은 없을 것이다. 절약하여 남는 곡식을 저축하라. 그러면 위급한 처지에 놓인 사람들도 얼마간 구제할 수 있으리라. (김윤식,『운양속집』제4권)

좋은 말이지만, 개인의 도덕심에 정의를 호소하는 사회는 허망하다. 연전에 어느 장성은 수백억 원의 혈세를 횡령했다. 그런데도 법원은 그의 불법을 '생계형 비리'로 간주하고 가벼운 처벌로 넘어갔다. 법이 물러도 너무 무르다. 전직 대통령인 어떤 사람은 수십 조가 넘는 국가예산을 멋대로 탕진했으나, 처벌은커녕 아직 조사조차 받지 않고 있다. 오히려 그는 자신의 책임을 묻는 여론을 질책했다. "지나친 적폐청산은 역사의 퇴행"이란다. 부패와 무능으로 얽히고설킨 폐풍의 늪에서 우리는 과연 탈출할 수 있을까.

비판과 풍자를
하하라

광대들이 궁중에 들어와 놀이판을 벌였다. 그들은 화려한 언변과 포복절도할 몸놀림으로 세상사를 풍자했다. 이런 일이 중세 서양에만 있었던 것이 아니다. 성리학의 나라 조선에도 이따금 연출되는 장면이었다. 따지고 보면 왕은 구중궁궐 깊은 담장 안에 갇힌 가련한 존재였다. 왕은 광대들이 들려주는 바깥세상 이야기에 반신반의하면서도 흥미를 느꼈다.

16세기에 어숙권이 쓴 『패관잡기』에 그에 관한 이야기가 나온다. 중종 때였다. 광대들이 임금님의 안전에서 어느 탐욕스러운 지방관의 비행을 극으로 재현했다. 19세기의 실학자 혜강(惠岡) 최한기(崔漢綺)는 그날이 설날이었다고 서술했다.

극중의 탐관오리는 화려한 말안장을 탐냈다. 그는 상인을 불러 관청 뜰에서 가격을 흥정했다. 공무를 봐야 할 곳에서 사적인 거래를 했으니, 법률 위반이었다. 그건 그렇다 치고, 안장 값이 비쌌다. 문제의 관리는 노랑이로도 소문이 자자했던 만큼 쉬 물러

서지 않았다. 그는 상인을 며칠씩이나 관청에 붙들어놓고, 안장 값을 깎았다. 직권을 남용해 상인을 압박한 죄가 추가되어 마땅했다.

마침내 흥정이 끝났다. 관리는 공금으로 안장 값을 치르고 나서 제 것으로 삼았다. 명백한 공금유용이었다. 예나 지금이나 '말'이 문제란 말인가.

연극이 끝나자 중종이 물었다. "정말 이렇게 한심한 일이 있었느냐?"

"예, 아뢰옵기 황송하오나 함경도의 정평부사란 사람이 그랬다고 합니다." 광대들의 대답이었다.

"하면, 대신들은 사실 여부를 낱낱이 파헤쳐 내게 알리렷다!" 지엄하신 분부가 떨어졌다.

말안장 사건은 2016년 가을, 또 한 차례 희대의 스캔들로 비화했다. 그러나 사건 관련자들은 엄연한 사실도 잡아뗐다. 거짓 진술도 일삼았다. "모른다", "기억이 나지 않는다"는 식의 발뺌이 그때라고 없었을까.

수사 진도가 매우 느렸다. 열 달 남짓 시간이 흘러갔다. 1523년(중종 18) 11월, 함경도 관찰사 허굉(許硡)은 드디어 최종보고서를 마무리했다. 그는 요샛말로 특검의 수장인 셈이었는데, 젊은 시절부터 강직하기로 이름이 높았다.

적발된 관리는 정평부사(종3품) 구세장이었다. 그는 말안장 값으로 벼 30석과 콩 70석을 지불했다. 곡식 100가마를 말안장과 바꾼 것이다. 요즘의 명품 가방만큼이나 귀한 것이 그때 그 말안장이었다.

본래 그 곡식은 부자 서눌동이 영평부에 바친 세금이었다. 세금장부에는 서눌동이 납부를 마쳤다고 떡하니 적어놓고, 태연히 말안장을 산 것이었다. 정평부사는 사욕을 채우기 위해 공금을 횡령한 것이렷다. 이런 깨알 같은 사실이 조선왕조실록에 모두 적혀 있다. 신기할 지경이다.

구세장의 독직사건은 한참 후에야 마무리되었다. 조정의 위신이 달린 문제라서 그랬을까. 조사가 시작된 지 18개월이 지난 뒤에야 최종 결론이 나왔다. 구세장은 곤장을 100대 맞고 먼 곳으로 유배되었다. 그가 기왕에 수령한 공직 임명장들은 전부 회수되었다. 이제 그 이름은 탐관오리들의 명부, 즉 「장오안(贓汚案)」에 기입되었다. 본인은 물론이고 아들과 손자까지도 관직에 나가지 못하게 되었다.

고작 말안장 하나 때문에 구세장에게 이런 불똥이 떨어졌을까? 몇 년 뒤 추가로 드러난 비리로 보아, 그는 정녕 탐관오리였다. 부사라는 높은 지위를 이용해서 초원참이란 시골 역의 노비를 훔쳐 사유물로 삼기도 했다니! 그에게는 공문서 몇 장 위조하는 것도 대수롭지 않았다.

하필 그 사람만 탐관오리였을 리는 없다. 또 그가 공직에서 추방되었다고 해서, 사회정의가 온전히 구현될 리도 없었다. 부정부패의 뿌리는 깊고 그 고리는 완강했다. 세월이 흐르면 부정부패의 수법도 진화한다. 18세기의 조선 왕 정조는 그 점을 날카롭게 지적했다. 『일득록』에 이런 글이 보인다.

옛날에는 탐욕스러운 사람은 생김새부터 탐욕스러웠다. 청렴한 사람은 청렴하게 생겼다. 그래서 탐관오리를 구별하기가 쉬웠다. 이제 그렇지 않다. 어떤 이가 청렴하다는 소문도 없지만, 유독 탐욕스럽다는 말도 들리지 않는다. 겉으로 드러나지 않는 그들의 부패행위야말로 정말 해독이 심하다.

까마득한 옛날 일이 되고 말았지만 광대들은 벼슬아치들의 비리를 고발할 수 있었다. 그들은 풍자라는 무기를 가지고 탄핵수사에 시동을 걸기도 했다. 광대는 사회적으로 천대받았으나, 어느 정도 표현의 자유를 누릴 수 있었기에 가능한 일이다.

바로 이 지점에서 말썽 많은 지난 정권의 '블랙리스트'가 다시 떠오른다. 〈변호인〉 같은 영화를 다시는 만들지 못하게 하려고 했단다. 권력의 비위에 맞지 않으면 무조건 입에 재갈을 물리려고 했단다. 군사독재 시대의 위험한 발상이 문화계의 재앙을 넘어, 결국에는 권력의 심장을 겨눈 부메랑이 되었구나.

'개혁 군주' 정조의
문화계 블랙리스트

내 생각에 정조는 매우 보수적인 사람이었다. 그의 정책에 다소 진보적인 면도 없지 않았다. 영세상인들에게 생업의 기회를 보장하고, 길가에서 백성들의 하소연을 들어준 것이 그러했다. 그러나 대체로 정조는 옛 제도를 답습하는 데 머물 때가 많았다. 가령 규장각을 두어 집현전을 모방하거나, 태종 때의 신문고 제도를 모방하는 식이었다.

조금 더 알고 보면 정조는 성리학의 가르침에 매우 충실한 왕이었다. 조선의 군주 27명 가운데서 정조는 문집을 저술한 유일한 왕이었다. 『홍재전서(弘齋全書)』라는 왕의 문집은 무려 184권의 거질이다. 하지만 정조는 외래 문화를 적극 수용하지도 않았고, 자력으로 새로운 문화를 건설하려는 의지도 빈약했다. 그가 순수한 고전적 문체를 회복하고야 말겠다는 취지로 추진한 '문체반정'은 더 말할 나위 없이 보수적인 정책이었다.

정조는 '정학(正學)', 곧 성리학을 내세우며 다수의 무명 지식인들을 억압했다. 그중에는 나의 관심을 끄는 한 무리의 지식인들이 있었다. 따지고 보면, 그들은 새로운 이상을 품었다는 이유로 출세 길이 막혔다. 매를 맞고 귀양을 가는 등 극심한 고난을 당한 이들도 있었다. 공식적인 역사 기록에는 그들의 언행이 제대로 기록되어 있지 않다. 기득권층은 그들을 '사기꾼' 또는 '나라를 원망하는 선비'로 낙인찍기 일쑤였다. 문화계의 블랙리스트는 정조 시대의 어둠이기도 했다.

그들 중에는 그래도 이름이 알려진 사람도 있다. 중암(重菴) 강이천(姜彝天, 1768~1801)을 아시는가? 그는 화가이자 시인으로 이름을 떨친 강세황(姜世晃)의 손자였다. 어린 시절 이미 천재로 소문이 나서 정조를 알현하기도 했다.

정조는 갓 열두 살이 된 강이천을 불러서 재능을 시험했다. 강이천은 즉석에서 훌륭한 한시를 지어 왕의 칭찬을 받았다. 그는 전도유망한 선비였다. 그런 그가 일찍이 명·청의 신문학 작품을 즐겨 읽었다. 패관문학과 소품이었다. 그 문체는 자유분방하고 주관적인 감정을 강조하는 경향이 있었다. 내용도 공상적인가 하면 경험적이고, 일상적이면서도 풍자성이 강한 작품이 많았다. 성리학이 지향하는 객관적이고 도덕적이며 선험적인 보편의 세계와는 거리가 멀었다. 자연히 새로운 '사회적 상상력'이 그의 내면에 일어났다.

강이천은 보수적인 성리학자들이 고집하는 사회질서의 타당성을 의심했다. 보편적이고 선험적인 가치를 주장하는 성리학은 그의 관심에서 차츰 멀어져 갔다. 그보다는 일상의 경험에서 우러

나온 주관적 감성과 지혜가 더욱 귀중했다. 그는 지배 이데올로기의 늪에서 빠져나와 『정감록』을 탐독하며 대안을 모색했다. 또 서학(西學: 천주교)에까지 발을 들여놓았다. 정조의 시대가 금지한 일련의 책들을 탐독하던 강이천은 유배를 당했다. 패가망신의 어두운 그림자가 그와 그의 벗들을 덮쳤다.

생각할수록 강이천처럼 비명에 간 무명의 지식인들이야말로 귀중한 존재로 여겨진다. 말하자면 그들은 시대의 어둠을 뚫고 나온 한 줄기 빛이었다. 정조처럼 유식하고 정치적 영향력이 컸던 사람만 역사의 주인공이 아니다. 내게는 외려 강이천 같은 사람들이 더욱 소중한 역사의 주인공이다(자세한 내용을 알고 싶으면 나의 책, 『정조와 불량선비 강이천』, 푸른역사, 2011을 참조할 것). 강이천은 새 세상을 열려고 끙끙거리다 몰매를 맞고 쓰러졌지만, 다들 손뼉 치며 좋아하는 정조 같은 권력자는 진정한 의미에서 어떤 역할을 한 것일까? 그는 보수반동에 가까운 인물이 아니었던가. 그러나 이런 사실에 주목하는 사람은 드물다.

우리 시대의 역사가들은 여전히 정조와 그의 시대를 높이 평가한다. 정조야말로 조선 후기 사회를 혁신했다고도 하고, '문예부흥'을 일으킨 '개혁 군주'라고도 하고. 그처럼 어진 군주의 정신이 맥맥이 이어졌더라면 망국의 비운은 없었을 것이라며 아쉬워한다.

내가 보기에는 그 시대의 상황은 전혀 달랐다. 정조와 그가 아끼는 신하들은 성리학적 이념의 포로였다. 그들은 낡은 통치방식을 고집함으로써 다가올 19세기의 역사적 암운을 더욱 짙게 만들었다. 꿈틀거리고 있던 서세동점의 역사적 기운을 무시한 채,

까마득히 먼 고전시대로의 회귀를 몽상했다.

정조는 배우기를 좋아했고, 누구보다 영리하고 부지런한 학자였다. 그러나 그래서 어쨌다는 것일까? 그가 그러면 그럴수록 퇴행적인 역사적 행보가 쌓여갔다. 스스로를 '군사(君師)', 곧 철인왕으로 여겼던 정조가 이끈 조선은 시대의 물결에 뒤처지며, 머지않아 터지고 말 시한폭탄을 남겨놓았다.

정조는 선의를 가진 임금이었을 테지만 그가 남긴 역사적 유산은 참담했다. 역사의 전개 과정은 우리의 통념을 배신할 때가 많다. 우리의 소망과 오히려 정반대의 결과가 나올 때도 많은 것이다. 가령 고도산업화 또는 경제성장 역시 사회 구성원들에게 넉넉하고 자유로운 삶을 보장하지 못한다. 자본주의가 발달하면 재부가 극소수에게 집중되고 마는 현실을 직시하자. 현대 한국 사회에서도 목격되는 일이지만, 자본의 전성시대는 민주주의의 위기를 촉발한다. 역사는 이성과 논리로 결판나지 않을 때가 너무나 많다. 이런 점 때문에 현대 독일의 인기작가 슈테판 츠바이크는 말했다. 역사란 우연과 광기에 의해 결정된다고 말이다.

2017년 한국 사회는 큰 고비를 무사히 넘었다. 부패한 권력자를 권좌에서 몰아냈고, 정권교체도 이뤄냈다. 하지만 자신들의 이해관계 때문에 아직도 과거의 권력자를 추종하는 사람들이 곳곳에 존재한다. 시민 사회는 이성과 관용의 힘으로 그들을 설득해, 새 한국을 만들 수 있을까? '그래도 역사는 자유와 평등의 실천무대여야 한다'는 우리의 신념은 구제될 수 있을까.

예언문화에서
민심을 읽다

국가와 사회의 흥망을 점친 것이 정치적 예언서다. 이것이 역사 기록에 등장한 것은 삼국시대 말부터였다. 당시 고구려와 백제에서는 자국의 멸망을 예고하는 징조가 빈번히 나타났다. 한참 뒤인 후삼국시대에도 왕건과 궁예의 쟁패를 예언한 『고경참(古鏡讖)』이 출현해, 왕건(王建, 877~943, 고려 태조)의 승리를 예고했다. 유학자 최치원(崔致遠)도 고려가 신라를 흡수할 것으로 점쳤다고 한다. 풍수도참설의 선구자인 도선(道詵)대사는 한 술 더 떴다. 그는 왕건의 나라 고려가 탄탄대로를 걸으리라고 예측했다.

고려시대에도 세상이 시끄러울 때마다 예언이 유행했다. 많은 사람들은 도선의 예언을 상기시키며 고려의 수도 개경의 지기(地氣)가 쇠약해졌다고 말했다. 고려 왕실로서 더욱 듣기 민망했던 것은, 이씨가 남경(지금의 서울)에 도읍한다는 예언이었다. 왕실에서는 남경에 오얏나무를 심어두고, 가지가 무성해지면 몽땅 베어버리기를 반복했다. 그러나 14세기 말에는 이성계(李成桂, 1335~1408)가 일어나서 결국 고려를 멸망시키고 도읍을 한양으로 옮겼다. 왕조 교체와 천도(遷都)를 바라는 민심이, 역사의 방향을 틀어버리고 말았다.

조선 중기 이후 사화와 당쟁이 격화되고, 임진왜란과 병자호란이 발생했다. 내우외환(內憂外患)이 거듭되자, 예언은 다시 고개를 들었다. 그리하여 18~19세기는 사실상 '예언의 전성시대'였다. 특히 영조와 정조 때는 서북지방에서 출현한 『정감록』이 전국에 유행했다. 예언서를 구실로 '정감록 역모사건'까지 일어났다. 정감록 열풍은 조선이 멸망하고, 일제의 강압적인 통치가 실시되자 다시 격렬해졌다.

예언서에는 민중이 느끼는 '현재의 고통'과 그것의 '미래 해결책'이 담겨 있다. 가령 『정감록』에는 엄연히 존재하는 외침의 위협과 국내 정치의 부패와 문란, 자연재해와 전염병으로 인한 민중의 고통이 적나라하게 기술되어 있다. 예언서에는 이런 문제들을 해결할 진인(眞人), 즉 구세의 영웅이 나타나 안정과 평화를 구가하게 될 것이라고 했다.

이런 예언에 촉각을 곤두세운 것은 위정자들이었다. 그들은 예언 때문에 민심이 요동치고, 그것이 결국 반(反) 왕조 활동으로 비화될까 봐 전전긍긍했다. 하지만 민중은 정치적 예언에 기대를 걸었다. 그들은 감시의 눈길을 피하여 예언을 널리 유포시켰다. 상당수 민중은 예언을 토대로 비밀조직을 구축하고, 왕조의 전복을 노렸다.

특히 영조 이후 『정감록』을 빙자한 역모사건이 유독 많았다.

그 가운데는 전국 규모의 비밀조직을 배경으로 한 사건도 있었다. 정조 때는 지리산에 있던 문양해라는 도인(道人)을 구심점으로 하여 서울의 대갓집 자손인 홍복영으로부터 막대한 거사 자금을 받아 대규모 역모사건이 발생한 적도 있었다. 허다한 역모사건의 경험이 누적되는 가운데『정감록』신앙집단은 종교적으로 새로운 단계에 도달했다. 19세기 후반에는 이것이 동학이라는 신종교단체의 결성으로 나타났다.

내가 보기에 조선 후기의 민중은 예언서의 창작에도 힘을 쏟았다. 민중은 자신들의 취향에 맞게 기왕의 예언서를 윤색했다. 그것은 집단창작이라 불러도 좋을 수준이었다.『정감록』은 특정한 저자가 있었던 것도 아니고, 그 내용이 고정된 것도 아니었다. 시대와 장소에 따라 예언의 내용도 달라졌다. 다만 그 어떤 경우에도 공통되는 특징이 있었다. 조선 왕조가 곧 멸망하고 새로운 세상이 온다는 것이었다.『정감록』의 어떤 부분은 불교의 영향을 많이 받았고, 다른 부분은 풍수지리와 점성술(천문)에 의존했다. 그밖에 주역과 음양오행설을 토대로 한 예언도 적지 않았다.

18세기 후반에는 '평민 지식인'들이 그 일을 주도했다. 평안도, 황해도 및 함경도 출신의 평민 지식인들이 두각을 나타냈다. 평민 지식인이라는 표현이 좀 막연하게 들릴지 모르겠으나, 내가 굳이 이 용어를 사용하는 데는 뜻이 있다. 귀족 또는 양반이 아닌 하층 사람들이 새로운 세상을 만들고자 떨치고 일어난 역사적 사실을 강조하기 위해서다. 사건에 깊이 관련된 평민들은 하층 지식인이 대부분이었다. 떠돌이 서당 훈장, 풍수사, 의술, 점복

(占卜)에 종사하는 사람들이 대부분이었다. 본래 그들은 정치 참여를 원했지만 기득권층의 차별과 냉대에 부딪히자,『정감록』같은 예언서에 매달렸던 것이다.

19세기 말이 되자 각지의 평민 지식인들은 동학(東學)이라는 신종교로 몰려들었다. 그들은 동학을 통해 조선 사회를 총체적으로 혁신하고자 했다. 1894년에 일어난 동학농민운동은 이런 분위기를 웅변한다.

역사 속의 민중은 사회적 불의에 저항할 줄 알았고, 자신들의 기대에 합당한 지도자를 역사의 무대 위로 불러내기도 했다. 천 년 넘게 이어져 내려온 한국 예언문화의 특질이 거기 있다. 공자가 말했듯, 정치란 백성들에게 '밥'을 먹여주는 것이다. 민중의 불안과 갈망을 외면하고서는 어떠한 국가나 사회도 명맥을 유지하기 어렵다.

오늘날 우리 사회는 사상 유례가 없는 풍요를 누리고 있지만, 불안요소도 상당히 많다. 소셜미디어에는 현대의 사회적 병폐를 질타하는 분노의 목소리가 넘쳐난다. 물론 편향된 목소리도 적지 않다. 그러나 그런 목소리까지도 송충이 떨구듯 함부로 취급하지 않았으면 좋겠다. 만약 조선의 지배층이『정감록』에 담긴 민중의 고통과 목마름을 제대로 이해했더라면 역사는 크게 달라졌을 것이 아닌가. 지금 세상이 많이 달라졌다고 하지만, 문제의 근본은 언제나 똑같다. 사회적 약자의 목소리에 하늘의 큰 뜻이 담겨 있다(한국의 유구한 예언문화에 관하여 나는 오랫동안 연구했다.『한국의 예언문화사』를 비롯한 대여섯 권의 책은 그 결실이었다).

금서의 역사와
문화투쟁

금서조치는 구시대의 관행이다. 그 폐해를 통감한 사람들이 많아, 서구 사회에서는 케케묵은 과거의 유물이 된 지 오래다. 1980년대 후반 민주화운동이 어느 정도 성공을 거두자 한국 사회에서도 청산 절차를 밟았다. 그때 월북·재북 문인들의 저작 등 대부분의 금서가 해제되었다.

그런데 21세기 한국 사회에 다시 금서 바람이 일어난다. 몇 해 전에는 '국방부 금서목록'이란 것이 일반에 알려져 여론의 호된 비판을 받았다. 하지만 국방부가 문제의 목록을 해제했다는 소식은 아직 듣지 못했다. 그러던 중 2015년 5월 하순, 정부가 금서논쟁의 불씨를 다시 지폈다. 문화체육관광부는 각 시도 교육청에 공문을 보내, 공공도서관이 선정한 추천도서에 '좌편향'의 문제가 있다고 지적했다. 이러한 정부 방침에 선뜻 호응한 것이 경기도교육청이었다. 해당 교육청은 일선 학교에 금서 문제의 철저한 사후관리를 지시했다. '좌편향' 도서들을 폐기하고, 그런 책을 빌려 본 학생들의 신상을 파악하여 사상교육을 실시하라는 것이었다.

그때 뜻있는 시민들은 사태를 깊이 우려했다. 그들이 속한 여러 단체도 한목소리가 되어 사안의 중대성을 지적했다. 경기도교육청은 섣부른 조치가 비판의 도마 위에 오르자, 뒤늦게 문제의 공문을 철회했다.

이러한 사태가 일어나게 된 내막을 들여다보면 금서에 관한 정부 당국자들의 인식에 상당한 결함이 있음을 알게 된다. 그들은 금서조치가 기본권에 관한 제약이라는 사실을 제대로 인지하지 못한 것 같다. 아울러 금서목록의 작성이 세계사의 흐름에 역행하는 악습이라는 점도 잘 모르는 것이 아닐까. 일반 시민들도 금서조치의 문제점을 바로 보지 못하는 경우가 더러 있을지 모르겠다. 이 글이 동서양의 몇 가지 사례를 중심으로 금서의 역사를 검토하려는 까닭이 그 점에 있다.

○ 금서는 프랑스 혁명의 씨앗

금서의 역사란 표현의 자유와 검열의 문제를 역사적으로 성찰하는 일이다. 민주시민의 입장에서는 안타까운 일이지만, 과거에는 기득권층이 검열이라는 수단을 빌려 표현의 자유를 억압하는 일이 허다했다. 이것은 동서양의 역사를 막론하고 공통적으로 발견되는 현상이다. 기득권층은 자신들의 이익에 반하는 것이면 무엇이든지 탄압의 대상으로 삼았다. 글, 그림, 음악, 연극, 영화 등 일체의 표현물이 그들에게는 검열의 대상이었다. 그중에서도 그들이 가장 예민하게 반응한 것은 이른바 '불온서적'이었다.

무엇이 '불온'하다는 것인가? 기성 가치의 타당성을 의심하거나 새로운 대안을 제시하는 것이 바로 '불온'이다. 각도를 달리해 보면 '불온서적' 또는 '금서'의 존재란, 그것을 억압한 기득권층의 결함이나 그들의 역린(逆鱗)을 투사하는 부정의 자화상이었다.

책은 인간의 사상을 상세하고 입체적으로 표현하고, 나아가 정교한 체계를 부여할 수도 있는 매력적인 매체다. 또 일단 간행되기만 하면 시공간의 제약을 벗어나 한꺼번에 많은 사람들에게 제공되어 막강한 영향력을 행사할 수 있다. 고대 그리스 철학자들의 저서들이 그러했고, 기독교의 성경, 공자의 『논어』 등이 모두 책의 위력을 웅변한다. 만일 이런 서적들이 없었더라면, 동서양의 찬란한 인류 문명도 불가능한 것이었다.

그런데 인류의 역사를 움직인 이런 책들이 한때 어디선가는 금서로 지목되어 탄압을 받았다. 금서의 역사가 곧 '문화투쟁 (Kulturkampf)'으로 점철되었다는 말이다. 공자나 예수같이 위대한 사상가와 학자들은 지배권력의 부패와 모순을 고발하고, 다수를 고통의 늪에 빠뜨린 사회제도 및 관습의 결함을 날카롭게 비판했다. 그들은 현실의 어둠을 물리칠 방안을 모색했다. 그리하여 기성의 지배 이데올로기를 극복하고, 새로운 대안적 가치와 이념을 제시했다. 그들의 열정과 집념의 정화(精華)인 새 책을 기득권층은 두려워했다. 금서란 딱지를 붙여놓고 노골적으로 탄압했던 이유가 그것이다.

금서로 낙인찍혔다는 것은 해당 서적의 인쇄와 판매가 금지될

뿐만 아니라 독서, 인용 및 소장조차 불법행위로 처벌된다는 뜻이다. 하지만 금서조치는 언젠가 한계에 봉착해 풀리기 마련이다. 그러면 한 시절의 금서가 새 세상을 여는 길잡이 노릇을 담당했다. 서구의 절대주의 왕정은 계몽사상가들의 저술을 금서목록에 올려 탄압했지만, 시민들은 그런 책들의 힘으로 봉건 잔재를 청산하고 근대 시민사회의 문을 열었다.

우리가 이름만 들어도 다 아는 계몽사상가들의 저작이 몽땅 금서였다. 볼테르를 비롯해 루소, 디드로, 몽테스키외 등의 저작은 출판, 판매, 독서가 금지되었다. 그러나 비밀리에 이 책들은 시민들의 서재로 파고들었다. 그리하여 프랑스 혁명을 촉발했다. 이것은 누구나 다 아는 역사적 사실이다.

최근의 연구에 따르면, 전혀 뜻밖의 책들도 프랑스 혁명에 큰 영향을 주었다(로버트 단턴이 쓴 『책과 혁명』이라는 책을 참고할 만하다). 1769년부터 1789년까지 가장 인기 있는 금서는 『2440년』, 『뒤바리 백작부인에 관한 일화』, 『계몽사상가 테레즈』 등이었다.

메르시에가 쓴 『2440년』(1771)은 도덕적 유토피아가 실현된 2440년 파리의 모습을 통해 18세기 파리의 처참한 사회상을 비판했다. 저자 미상의 『뒤바리 백작부인에 관한 일화』(1775)는 출신은 비천했으나 베르사유 궁전에 입성해 루이 15세를 홀렸던 뒤바리 백작부인의 일대기다. "프랑스여, 그렇다면 그대는 어떤 운명인가. 여성의 지배를 받는 것. 그녀는 처녀(잔 다르크)의 구원을 받았노라. 하지만 창녀(뒤바리)에 의해 멸망하리라"라며, 프랑스의 운명을 조롱했다.

또 저자를 알 수 없는 『계몽사상가 테레즈』(1748)는 테레즈라는 여성의 자유분방한 성생활을 다룬 포르노그래피다. 낯 뜨거운 장면이 도처에 나온다.

이러한 금서들은 직접적으로 혁명을 선동하지 않았다. 대신에 일종의 '정치적 민담'을 구성해 기득권층의 허위를 낱낱이 파헤쳤다. 이로써 앙시앵레짐(구체제)의 가치관을 밑바탕에서부터 흔들어버렸다. 저자 단턴은 이러한 금서들의 응집된 힘이 결국 프랑스혁명을 일으켰다고 주장한다.

○ 금서의 전성시대: 로마 교황청의 금서목록

'표현의 자유'는 오늘날 한 국가의 법치 수준을 가늠할 수 있는 기준이다. 표현의 자유가 충분히 보장된 나라는 살 만한 민주국가요, 그렇지 못한 나라는 사실상 독재국가다. 한 나라의 위정자들이 아직도 금서목록을 만지작거리고 있다면, 민주주의 국가라는 표현은 겉치레에 불과하다.

표현의 자유가 서구 시민의 당연한 권리로 천명된 것은 꽤 오래전의 일이다. 1789년 프랑스인들은 「인권선언문」을 공포했고, "인간의 소중한 자유 가운데 하나"로 표현의 자유가 언급되었다. 그에 앞서 프랑스의 계몽사상가 볼테르도 표현의 자유를 힘주어 말했다. 그래서일까. 그의 전기에는 다음과 같은 표현이 발견된다.

저는 당신의 의견에 반대합니다. 그러나 당신이 그 견해로 인하여 누군가로부터 박해를 받는다면, 저는 죽음을 무릅쓰고서라도 당신이 그렇게 말할 권리를 보호하기 위해 싸우겠습니다.

이것은 물론 1906년 볼테르의 전기 작가 이벌린 베아트리스 홀(Evelyn Beatrice Hall)이 지어낸 말이다. 하지만 서구의 계몽사상가들이 표현의 자유를 중시한 것은 조금도 의심할 여지가 없다.

그러나 기본권의 개념이 발달한 유럽 사회에서도 표현의 자유는 쉽게 허용되지 않았다. 특히 모든 출판물은 철저한 검열의 대상이었다. 역사적으로 그 뿌리는 깊었다. 서구 세계에서 최초로 검열을 제도화한 것은 16세기의 로마 교황청이었다. 인쇄술의 발달에 힘입어 출판이 활발해지자 교황청은 검열을 더욱 강화했다. 즉 1501년 교황 알렉산데르 6세는 교황청의 허가 없이는 어느 누구도 책을 출판할 수 없다는 법령을 공포했다. 이단 사상의 유행을 막기 위해서라고 했다.

이 같은 맥락에서 영국 왕은 1557년부터 특정한 소수 인사들에게만 출판권을 허가했다. 17세기 전반이 되자 이러한 통제에 불만을 품은 상당수 영국인들은 네덜란드로 이민을 떠났다. 그들은 상대적으로 관용적인 네덜란드에서 마음껏 출판에 종사하기를 희망했다.

16세기부터 교황청은 금서목록도 제정했다. 교황청의 종교 및 세속적 이익을 지키기 위한 것이었다. 결과적으로 개인의 사상과 의견이 극도로 통제되었다. 문제의 목록은 교황청이 제정했으나, 각국의 출판을 실제로 통제한 것은 왕과 귀족으로 대표되는 세속의 기득권층이었다. 유럽의 절대왕정은 시민계급의 도전을 효과적으로 차단하기 위해 검열을 정치적으로 도구화했다. 특히 영국 왕실은 인쇄조례(1586~1641)를 제정해 검열권을 더욱 강화했다. 로마 교황청의 금서목록은 전후 300차례 수정 증보되었다. 그 목록에는 케플러, 갈릴레이, 몽테뉴, 단테, 브루노, 데카르트, 흄, 로크의 저작이 포함되었다.

이러한 사실이 증명하듯, 유럽의 기득권층은 표현의 자유를 억압하며 책의 생산과 유통에 깊이 간섭했다. 교황청의 금서목록은 20세기 중후반까지도 존재했다. 그 가운데는 세계문학에 기여한 근대 유럽의 대표작이 상당수 포함되어 교양시민들을 당황스럽게 했다.

1966년 6월 14일, 로마교황청은 금서목록(Index Librorum Prohibitorum)을 폐지했다. 제2바티칸공의회(1959~1965)의 결정에 따른 조치였다. 교황청이 금서목록을 만들기 시작한 것은 1546년이었다. 트리엔트공의회의 결정을 바탕으로 금서목록을 생산했던 것이다.

초기의 금서에는 천동설을 부정하거나 태양 중심설을 주장하는 책들, 가톨릭교회의 권위를 부정하는 내용이 주를 이루었다. 금서의 목록은 차츰 길어져, 유럽의 손꼽히는 지식인들은 대부분 금서의 저자로 등록되었다.

이미 앞에서 언급한 저자들 외에도 스피노자, 볼테르, 디드로, 장자크 루소, 칸트, 빅토르 위고, 장폴 사르트르, 앙드레 지드 등의 저작이 모두 금서로 지정되었다. 400년 넘게 가톨릭교회는 인류 사회의 거의 모든 중요한 변화를 거부했던 것이다.

16세기 말 네덜란드의 헨리크 반 퀴크(Henric van Cuyck) 주교는 검열제도를 극구 변호하며, 구텐베르크의 인쇄술로 말미암아 온 세상이 사악한 거짓말로 오염되었다고 강변했다. 그는 유대의 『탈무드』와 이슬람의 『코란』 및 종교개혁가인 마르틴 루터와 장 칼뱅의 저술을 그 예로 들었다. 로테르담의 에라스무스가 쓴 저작도 그에게는 세상을 오염시킨 사악한 거짓말의 표본이었다.

오늘날 퀴크 주교의 견해에 동의할 사람은 거의 없다. 그가 비난한 여러 책들이야말로 인문주의의 고전 또는 인류의 지혜를 담은 경전으로 널리 인정받고 있지 않은가.

교회와 국가에 의한 출판 검열에는 사전검열 외에도 사후검열이 있었다. 간행된 지 2년 이내에 '불온하다'고 판단된 서적을 금서목록에 추가하는 악습이 자행되었다. 한번 금서 작가로 낙인 찍히면 그의 모든 저술이 도서관과 서점에서 추방되는 일도 적지 않았다. 그러나 18세기 후반이 되면 금서라야 더 잘 팔리는 역설적인 상황이 전개되었다. 볼테르 같은 계몽사상가는 자신의 저작이 금서목록에 포함된 것을 도리어 영예로 여길 정도였다.

○ 밀턴: '국가와 교회에 반대할 자유를 달라'

표현의 자유는 많은 사람들이 투쟁한 결과 점차 기본권의 하나로 자리매김되었다. 기나긴 투쟁의 역사에서 가장 중요한 역할을 담당한 이를 꼽으라면 두 사람의 지식인이 떠오른다. 우선 존 밀턴(John Milton, 1608~1674)의 역할이 컸다. 그는 1644년에 간행된 『아레오파기티카(Areopagitica)』에서 이렇게 주장했다.

"진리와 거짓이 서로 맞붙어 싸우게 하라. 자유롭고 공개적인 경쟁이라면 거기서 진리가 패배하는 일은 결코 없을 것이다."

밀턴은 이러한 말로써 1643년 영국의회가 검열제도를 재도입한 사실을 강력하게 비판했다. 당시 교회 당국은 『아레오파기티카』 같은 서적의 출판을 금지했다. 밀턴은 교회의 입장을 부정하고 감히 재혼의 권리를 주장했기 때문이다. 그는 용감하게도 허가받지 않은 채 그 책을 간행했다. 그는 책의 지면을 빌려 표현의 자유와 오류에 대한 관용을 호소했다.

> 무엇보다도 제게 알 권리를 허락해주십시오. 중얼거릴 권리, 그리고 제 양심에 따라 자유롭게 토론할 자유를 허락해주기 바랍니다.

표현의 자유에 관한 밀턴의 견해는 교황청과 명백히 대립했다. 그는 프로테스탄트의 세계관을 대변하며, 영국인은 종교개혁을 통해 인류를 계몽할 사명이 있다고 주장했다. 그는 당시 사회적 관행이던 사전검열제도를 반대하고, 표현의 자유를 인정하라고 촉구했다.

영국의 많은 지식인들은 밀턴의 주장에 공감했다. 그리하여 영국에서는 1695년 검열제도가 폐지되었다. 영국의 식민지인 미국에서도 1725년을 고비로 사전검열이 사라졌다. 이후 18세기 유럽 각국에서는 당국의 검열에 저항하는 지식인들이 급증했다. 표현의 자유에 관한 토론은 그 시대의 유행이었고, 프랑스의 디드로는 논쟁의 최전선을 지켰다. 당시 상당수 출판업자들도 정치권력의 탄압에 적극적으로 저항했다. 그리하여 1789년 프랑스 혁명이 일어나기 얼마 전에는 악명 높은 바스티유 감옥에 800명의 저자, 인쇄업자 및 서적상이 일시에 투옥되었다는 기록이 있다.

문제가 된 것은 값싼 소책자들이 대부분이었다. 그 가운데는 볼테르, 루소 등의 이름난 계몽주의 서적도 있었다. 그러나 그것은 오히려 소수였다. 대부분은 프랑스 왕실과 귀족들의 스캔들을 다룬 책이었다. 그들을 중상 비방한 책들도 많았다.

장르별로 살펴보면, 문학과 역사 서적이 대부분을 차지했다. 역사 서적 중에서도 과반수는 왕실과 귀족을 비방하는 내용이었다. 문학 서적의 대부분은 소설이었다. 그중에서도 상당 부분은 포르노그래피였다.

바스티유의 재판기록을 보면, 베르사유 궁에서 일어난 온갖 일들이 하루 이틀 만에 시중에 전파되었다. 그런 내용들이 금서에 곧바로 실리면서 시민들은 왕실에 대한 혐오감을 키워갔다.

금서의 홍수 속에서 시민들은 성장해갔다. 그들에게 표현의 자유를 인정한 최초의 법령은 북유럽에서 공포되었다. 1770년 12월 4일, 요한 프리드리히 슈트루엔제(Johann Friedrich Struensee) 왕이 다스리던 덴마크-노르웨이 왕국에서 최초로 표현의 자유를 인정했다. 그러나 이 법령은 갈수록 개악되어 후세의 비웃음을 샀다. 프랑스 혁명을 거치면서 검열제도가 일시 폐지되기도 했지만, 나폴레옹 집정시대에는 검열과 통제가 더욱 강화되었다. 1810년대의 프랑스에서는 저자와 출판인의 자발적인 '사전검열'이 하나의 관행으로 굳어졌다.

○ 밀: '어떠한 제약도 절대 하지 마라!'

표현의 자유에 크게 기여한 또 한 명의 사람은 영국인 존 스튜어트 밀(John Stuart Mill, 1806~1873)이다. 그는 자유가 보장되지 못하면 과학이나 법, 정치에서도 진보가 일어날 수 없다고 확신했다. 그에게 자유로운 토론은 필수적인 자유였다. 그의 저서 『자유론(On Liberty)』(1859)은 표현의 자유를 설파한 고전이다. 이 책에서 그는 다음과 같이 말했다.

> 진리는 오류에서 나온다. 옳든 그르든 사상의 표현에 하등의 제약도 존재해서는 안 된다. 진리란 결코 고정된 것이 아니며, 처음부터 정해진 것도 아니다. 그것은 시간과 함께 진화하는 것이다. 한때 진리로 신봉되었던 많은 것들도 결국은 오류임이 판명되었다. 그러므로 명백한 잘못이 있더라도 그 주장을 금지하는 것은 안 될 일이다. 토론의 자유야말로 "확실한 견해가 깊은 수면(deep slumber of a decided opinion)"에 빠지는 것을 막기 위해 반드시 필요하다. 표현의 자유가 제약되어야 한다면 그것은 누구나 인정하는 명백한 악덕을 방지하기 위해서일 것이다. 경제적 또는 도덕적 이유로 표현의 자유를 억누르는 것은 허용될 수 없다.

이처럼 명쾌하고 단호한 주장을 통해 밀은, 표현의 자유가 자유 시민의 당당한 기본권이라는 점을 논증했다. 19세기 후반 유럽과 미국에서는 밀의 주장이 곧 현실화되었다.

그러나 때로 역사의 수레바퀴는 거꾸로 돌아갔다. 히틀러의 나치 독일에서는 유대인과 체제비판 지식인에 대한 탄압이 노골적으로 전개되었다. 나치는 그들의 책을 불사르는가 하면 정치적 박해를 일삼았다.

1933년 1월, 히틀러는 총리로 취임하기 무섭게 나치에 반대하는 모든 사상을 공격했다. 그들은 '저열한 유대 문화 척결', '독일 문학의 순수성 회복' 등의 선동적인 구호를 내세우며, "대학과 도서관은 독일 민족 문화의 중심이 되어야 한다"라고 주장했다.

1933년 5월 10일, 나치는 2만 5천여 종의 이른바 '비독일적인 책들'을 모았다. 그날 밤낮으로 독일 대부분의 대학에서 '비독일적 서적'을 불태웠다. 나치당 고위 책임자, 교수, 목사, 학생회장 등이 행사에 참석해 선동적인 연설을 했다.

그날 독일의 수도 베를린 오페라 광장에서는 4만여 명의 군중이 모여 책을 불살랐다. 나치의 선전장관 요제프 괴벨스는, "도덕을 붕괴시키는 퇴폐 서적에 단호한 거부를!"이라고 외쳤다. 괴벨스가 박멸을 맹세한 분서로는 카를 마르크스의 서적을 비롯한 공산주의 책자들, 하인리히 하이네, 에리히 케스트너, 하인리히 만, 베르톨트 브레히트, 에리히 레마르크, 카를 폰 오시에츠키 등 학계, 문화계, 언론계 저명인사들의 저작이 거의 모두 포함되었다.

하인리히 하이네는 일찍이 주장하기를, "책을 불사르는 자는 이윽고 인간도 불사르게 되리라"라고 했다. 바로 그 하인리히 하이네의 시집도 분서 목록에 포함되었다.

당시 체코슬로바키아에 숨어 지내던 오스카르 그라프는 분서

명단에 자신의 이름이 없는 것을 알고 분노했다. 그는 히틀러에게 청원서를 보내 "당신들은 나를 빼버림으로써 나를 사기꾼으로 몰고 있다"며 자신의 책도 불사르라고 요구했다. 히틀러의 분서는 광란의 시작을 알리는 신호탄이었다.

스탈린의 소련과 군국주의 일본, 마오쩌둥의 중국에서도 금서에 대한 탄압이 여전히 위력을 발휘했다. 20세기 이후 금서조치는 독재자들이 활개치는 후진국의 전유물이었다.

○ 한국의 금서와 '문화투쟁'의 역사

조선 왕조는 성리학을 통치이념으로 삼고, 그에 반하는 서적을 금지했다. 유교 서적이라도 그와 결을 달리하는 것은 '사문난적'이라 하여 지탄의 대상이 되었다. 조선 후기 집권세력인 노론은 반대파 학자들의 저서를 문제 삼았다. 주자의 경전 해석에 이의를 제기한 박세당과 윤휴 등의 문집이 집중적으로 공격을 받았다.

문집을 새긴 목판까지 훼손되는 고난을 겪은 경우도 있었다. 1498년(연산군 4) 7월, 왕은 전라도도사 정종보(鄭宗輔)에게 명하여, 전라도에서 출간한 김종직(金宗直)의 문집『점필재집』판본을 즉시 훼판(毀板)하여 불태우라고 했다. 그로부터 200여 년이 지난 1716년(숙종 42), 윤선거(尹宣擧)의 문집『노서유고(魯西遺稿)』도 훼판되었다. 윤선거는 소론의 태두인 윤증의 아버지였기 때문에 노론으로부터 심하게 배척당했다.

정치적 사유로 훼판된 그 문집들, 곧 김종직과 윤선거의 책들은 나중에 다시 복간되었다.

왕조의 멸망을 예언한『정감록』은 금서 중의 금서라 금압이 심했다. 그러나 조정의 탄압이 심할수록『정감록』의 인기는 더욱 높아갔다. 19세기 후반이 되면『정감록』에 영향을 받은 평민 지식인들이 동학을 비롯한 신종교를 만들기도 했다. 그들은 성리학에 반대하여 하나의 대항 이데올로기를 창출한 셈이었다.

1910년 불행히도 일제의 지배가 시작되었다. 그러자 이번에는 또 다른 책들이 대거 금서로 지정되었다. 특히 신채호의『을지문덕전』과 같이 역사 의식을 통해 독립의지를 자극하는 책들이 심한 탄압을 받았다. 또 사회주의 관련 서적들도 노동자와 농민을 집단적인 저항운동으로 이끌 가능성이 짙다는 이유로 엄금되있다. 일제는 식민지 백성을 그들에게 순종하는 '황국신민'으로 만들기 위해 갖은 노력을 다했으나 효과는 미미했다. 사람들은 몰래 금서를 읽었고, 여러 가지 방법으로 일제에 저항했다.

1945년 해방과 함께 갑자기 국토가 분단되었고, 남북한은 각기 미국과 소련을 정점으로 한 '냉전' 구도에 편입되었다. 한반도 양쪽에는 독재자들이 등장하여 체제수호를 내세우며 금서를 양산했다. 남쪽의 사정 역시 딱했다. 사회주의에 관한 책들은 대부분 '이념 서적'으로 낙인찍혀 탄압을 받았고, 정권을 비판하는 시, 소설, 평론 등도 금지의 대상이었다. 월북작가는 물론, 납북인사 또는 북에 사는 작가들의 글도 금서로 내몰렸다.

월북작가인 홍명희, 이기영, 한설야 등의 저작이 모두 금서로 지정되었다. 재북(在北) 문인 백석의 시집도 금서였다. 심지어 납북 문인 정지용의 시집까지도 금서로 묶이는 비운을 겪었다. 공산주의 사상과 관련 없는 작가인데도 그의 작품 전체를 수십 년 동안 금서로 지정하는 우를 범하기도 했다.

그럼에도 불구하고 시민들의 저항은 계속되었다. 리영희처럼 양심적인 지식인들도 적지 않아, 그들은 감옥에 갇힐지언정 양심에 따른 저술활동을 멈추지 않았다. 『전환시대의 논리』, 『우상과 이성』 등 금서의 인기는 무척 높았다. 그리하여 군사독재의 엄혹한 탄압 속에서도 민주화의 물결은 날로 거세졌다. 이런 흐름이 이어져 결국에는 대통령 직선제를 골자로 한 '1987년 체제'를 낳았다. 한국 사회는 상당 부분 민주화되었고, 그에 발맞춰 금서목록도 대체로 사라졌다.

앞에서도 말했듯 금서의 역사는 문화투쟁의 역사다. 기득권층은 자신들의 권력을 유지·강화하기 위해 금서목록을 작성하여 사고와 이념을 통제하려 했지만 번번이 실패했다. 이는 동서고금을 막론하고 나타나는 보편적인 현상이었다. 언제 또다시 금서 소동이 일어날지 모르겠으나, 그것은 교양 없는 기득권층이 연출하는 시대착오적 행위에 지나지 않는다. 표현의 자유라는 역사의 도도한 물결을 거스르는 것은 자멸 행위다.

동학농민운동, 섣부른 '개방정책'에 맞서다

1894년 1월 10일 전봉준(全琫準, 1855~1895)은 천여 명의 농민들과 함께 고부 관아로 쳐들어가 군수 조병갑을 쫓아냈다. 갑오동학농민운동의 시작이었다. 농민군은 '보국안민(輔國安民)', 즉 나랏일을 도와 백성을 편안하게 할 것이라고 했다. 같은 해 4월 27일에는 전라도의 수도 전주성도 농민군에게 함락되었다. 겁에 질린 조정은 청나라에 구원병을 요청했다.

이것은 씻을 수 없는 실수였다. 청과 일본은 한반도에 군대를 파견해 전쟁을 벌였다. 승기를 잡은 일본은 경복궁을 무력 점령하기도 했다. 이로써 한반도에 대한 일본의 지배권이 강화되었다. 농민군은 일본을 몰아내기 위해 길을 재촉했다. 그러자 일본군은 관군을 앞세워 농민군의 무력진압에 나섰다. 결국 공주 우금치에서 농민군은 꺾이고 말았다.

1894년 이른바 '토벌작전'에 참가한 일본군은 2만~5만 명의 조선 농민군을 처형했다. 농민군의 약 10분의 1이 외국 군대에게 목숨을 잃었고, 조직은 붕괴되어 재기불능 상태가 되었다. 고종을 비롯한 조선의 위정자들도 타격을 받았다. 그들은 외세에 의존해 동학농민군을 진압했기 때문이다.

그 이듬해 4월 17일, 청일 양국은 일본의 시모노세키(下關)에서 강화조약을 체결했다. 청일전쟁의 종지부를 찍은 것이다. 승전국 일본은 전쟁배상금으로 은화 2억 냥이라는 막대한 금액을 청나라에게서 뜯어냈다. 당시 일본의 3년치 예산에 해당하는 금액이었다. 이것을 몽땅 군비 확장에 쏟아부은 일본은 군국주의의 길로 나아갔다.

동학농민운동이 일어난 이유는 흔히 몇 가지로 설명된다. 첫째, 점차 농업기술이 발달하여 농촌 사회가 분화되었다고 한다. 토지가 대지주의 수중에 집중되어 사회가 불안해졌다는 것이다. 둘째, 전정(田政), 군정(軍政), 환곡(還穀) 등 수취제도의 모순이 누적되었다고도 한다. 셋째, 19세기 이후 시작된 세도정치로 부패가 만연했다고 한다.

더욱 중요한 문제도 있었다. 동학농민운동의 진원지였던 전라도에서는 농민의 처지가 더욱 열악했다. 그들은 국가재정의 절반 이상을 부담해야 했기 때문이다. 전라도에서는 양반들까지도 오랫동안 권력에서 소외되었기 때문에, 상하 계층이 모두 조정에 등을 돌리기가 쉬웠다.

다른 문제도 있었다. 1876년(고종 13) 일본과 강화수호조약이 체결된 이후, 일본 상인들이 개항장을 통해 값싼 면직물과 공산품을 들여왔다. 임오군란(1882) 이후에는 청나라 상인들까지 몰려들어 공산품 시장이 더욱 커졌다. 일부 객주와 보부상은 이익을 얻었시만 전통 싱인들과 수공업자들에게는 타격이 컸다. 더구나 가내수공업을 통해 가계 적자를 메우던 농민들의 피해는 극심했다.

더 큰 문제는 쌀과 콩을 비롯한 국내산 곡물의 유출이었다. 셈이 빠른 지주들은 그 기회를 틈타서 재산을 축적했다. 그러나 소작농과 소농은 물론, 일부 자영농들까지도 곡물 가격의 잦은 변동으로 위기에 직면했다.

당시 일본은 산업화가 한창이었다. 대도시에는 갑자기 많은 공장이 들어섰다. 저임금 노동자들이 일본의 공업화를 떠받치는 기둥이었다. 일본 정부는 그들에게 값싼 식량을 제공할 필요가 있었지만 쉽지 않은 일이었다. 이 문제를 해결하기 위해 저들은 상대적으로 가격이 낮은 조선의 미곡과 콩을 대량 수입했다. 그로 인해 조선의 농민들, 특히 대다수 소작농들이 생계의 위협을 받았다. 곡물 가격이 큰 폭으로 출렁거릴 때마다 희비가 갈렸다. 더욱 심각한 문제는 국내산 곡물이 대량 유출됨에 따라, 조선의 소작농들은 만성적인 식량 위기에 내몰렸다는 사실이다. 그들의 생계 대책이 막막했다.

동학농민운동을 촉발한 결정적인 계기는 조정의 무분별한 무역개방 조치였다. 농민들의 생계 대책도 없이 이른바 통상개방을 한 것이 큰 문제였다. 가령 영국산 저가 면직물이 국내에 유입되자, 농민들의 부업은 힘없이 무너졌다. 지난 수백 년 동안 농가 부업으로 여성들은 베를 짜 생계자금의 부족분도 충당하고, 조세와 군포의 납부를 대신했다. 그러나 이제 가내수공업을 통한 면직물 생산 자체가 의미를 잃었다. 통상개방을 결정한 조정에서는 이러한 문제를 심각하게 고민한 흔적이 전혀 없었다.

그밖에도 고종과 그의 측근이 주도한 개화정책은 또 다른 문제를 안고 있었다. 부국강병을 목적으로 개화정책을 폈다고 하지만, 그 과정에서 재정 부족이 심각했다. 이것은 다시 증세 조치로 이어져, 농민들에게 짐이 돌아갔다.

동학농민군이 '척왜양창의(斥倭洋倡義)'를 외친 데는 충분한 이유가 있었다. 외세는 정치적 주권만 위협했던 것이 아니라 우리 경제를 파탄으로 몰아갔다. 이를 꿰뚫어본 동학농민군은 '서울의 권귀(權貴)'와 '횡포한 지방 양반들'을 적으로 여겼다. 문제의 기득권 세력을 농민들은 배신자로 규정했다. 그들이야말로 농민의 생계를 위협하고, 외세에 주권을 팔아먹은 죄인이었다. 농민들의 현실 인식은 그러했다.

무분별한 시장개방은 사회문제로 이어진다. 돌이켜 보면, 1997년의 외환위기도 외환시장을 함부로 개방하여 각국의 투기자본을 끌어들인 결과였다. 역대 정부는 공산품 수출을 늘리겠다며 농수산물 수입시장을 개방했는데, 위험천만한 일이다. 2010년대 초중반 한국 정부는 여러 나라와 자유무역협정(FTA)을 적극적으로 추진했다. 이 역시 많은 부작용을 불러일으킬 수 있다. 빈사상태에 빠진 농촌은 물론, 도시의 중산층도 위기에 빠뜨릴 수 있는 것이다.

5장

선비의 마음으로 살다

1910년 8월 조선이라는 '선비의 나라'는 결국 역사의 뒤편으로 사라져 갔다. 처음에 그 국가가 출범할 당시만 해도 많은 이들의 가슴을 부풀게 한 성리학 국가의 이상은 반(半)에 반도 실천되지 못했다. 오히려 역사의 시계가 앞을 향해 나갈수록 성리학 사회는 더욱 뒷걸음만 친 것 같은 인상이 짙었다.

그러나 성리학의 이상은 모두 수포로 돌아간 것이었을까? 아닐 것이다. 500년의 장구한 세월 동안 한국에는 '선비'라는 고상한 인격체가 광범위하게 형성되었다. 그리하여 나라의 형체는 비록 무너졌으나, 고아한 뜻을 지키며 새로운 세상을 준비하는 선비들이 곳곳에서 한국 사회를 떠받쳤다.

식민지의 엄혹한 상황 속에서도 안창호는 '인격혁명론'을 몸소 실천했다. 그는 신교육을 받은 계몽주의자요 철저한 기독교 신앙의 신봉자였으나, 그의 언행에서 선비의 풍모는 더욱 뚜렷했다.

그 점은 '식민지 근대화'를 거부한 시인 백석도 마찬가지였다. 영어, 러시아어, 프랑스어 등에 능통한 신세대의 지식인이면서도, 그의 깊은 시심(詩心)에는 유교 고전의 향기가 배어 있었다. 백석은 어느 누구보다도 우리 민족의 문화와 전통을 깊이 사랑한 이였다.

1960년대 이후 한국 언론계의 살아 있는 양심이자 '실천적 지식인'으로서 한 시대의 선각자였던 리영희. 그 역시 한 사람의 개결(介潔)한 선비였다. 백절불굴(百折不屈), 권력이 백 번을 꺾어도 굴하지 않는 장쾌한 기개를 가진 지사의 모습을 그의 삶에서 볼 수 있었다.

독재권력이 횡포를 부리던 어두운 시대에 법관으로서 권력과 부를 탐하지 않고, 조용히 양심의 명령을 따른 김홍섭 판사. 이러한 법관 역시 우리는 '시대의 고뇌'를 걸머진 양심적인 선비로 기억해야겠다.

강직하기로 이름이 높았던 '누룽지 검사' 최대교도 빠뜨릴 수 없다. '냉수도 헹궈서 마셨다'는 그는, 제1공화국 초반 권력의 실세인 임영신 상공부장관의 비리를 밝혀 결국 사퇴하게 만들었다. 집권층의 압박과 회유에도 불구하고 '검사의 길'을 외롭게 걸어갔던 그에게서 우리는 참 선비의 모습을 발견한다.

이 장에서는 바로 그런 이야기들을 하나씩 풀어갈 생각이다. 우리는 결코 조선시대로의 회귀를 도모하는 것이 아니다. 선비의 마음으로 공정하고 따뜻한 미래를 열 수 있기를 바랄 뿐이다.

선비란 누구일까. 학식이 있고, 행동과 예절이 바르며, 의리와 원칙을 지키고, 관직과 재물을 탐내지 않는 고결한 인품을 지닌 사람이다. 사전적 정의는 대개 그와 같다. 그럼 우리 시대의 선비란 어떤 사람일까. '진실'을 지키려고 노력하는 이가 아닐까. 허위를 물리치고, 허상을 깨기 위해 마지막 순간까지 성실한 사람일 것이다.

자, 이제 그런 이들을 만나러 길을 떠나자.

인격혁명론 몸소 실천한
도산 안창호

도산(島山) 안창호(安昌浩, 1878~1938)는 이름난 독립운동가요 사상
가였으나, 독립무장투쟁에서 혁혁한 공로를 세운 것도 아니고,
외교노선의 한 축을 담당한 것도 아니었다. 충성을 다짐하는 추
종자들을 끌어모아 사조직을 만들고 그 위에 군림하는 계파정치
도 완강히 부정했다. 안창호의 길은 유난히 좁고 험했다.

그의 성품은 맑고 깊고 단아했다. 사물을 근원으로 거슬러 올
라가 깊이 성찰하는 것이 그의 특장이었다. 국가와 민족의 문제
를 깊이 헤아린 결과, 그는 '독립할 자격'을 키우는 것이 급선무
라고 선언했다. 개개인이 '인격의 힘'을 길러야만 독립도 온전한
독립이 된다는 말이었다.

그와 동시대를 살았던 민족 지도자들은 대체로 그와 다른 입
장이었다. 특히 이승만처럼 정치적 수완이 좋은 사람들은 안창호
의 도덕론을 공허한 빈말로 여겼다. 21세기 한국의 시민들 가운
데서도 안창호의 인격주의에 공감하지 못하는 사람이 적지 않을

것이다. 안창호는 자신의 견해에 회의적인 사람들을 설득하려고
애썼다.

1935년 그는 서울 성북동의 한 모임에서 인격혁명론을 이렇게
설명했다.

"이거 또 춘원(春園: 이광수) 식의 민족개조론이구나, 하고 비웃을
지 모릅니다. 그러나 지금 제일 필요한 것이 인격혁명이지요. 우
리는 지금 무슨 일을 할 때마다 서로 믿고 일하는 게 아니라 시
기와 질투와 편 가르기부터 하고 있습니다. 과거에 조선이 망할
때 하던 짓을 그대로 하고 있단 말이오. 이런 인격밖에 못 가진
사람들이 무엇을 하겠어요?"

"혹자는 어느 세월에 인격혁명으로 사회를 바꾸겠느냐고 반론
할 것입니다. 그러나 우리 사회에 인격혁명을 이룬 이가 한 해에
열 명 스무 명이라도 늘어간다면 사회가 좋아질 것이 분명합니
다."

"보시오. 같은 민주주의라도 (1930년대) 멕시코의 것과 미합중국
의 것이 완전히 다르지 않소? 본바탕이 잘못되면 아무리 씨가 좋
아도 결과가 그릇된다는 말이오."

지도층의 기만과 도덕적 타락이 한 시대의 악습으로 굳어진
오늘날, 진부하리만치 교과서적인 안창호의 주장이 도리어 이 시
대를 다스리는 죽비가 되어 빛난다. 물론 중요한 것은 말이 아니
라 실천이다. 안창호는 자신의 육십 평생을 통해 인격혁명이 가
능한 것이요, 실로 세상을 움직이는 힘이 거기에 있다는 것을 입
증했다.

○ 도산의 인품에 고개 숙인 고등경찰 미와

1938년 3월 10일 안창호는 경성제대 부속병원에서 세상을 떠났다. 그의 병상을 마지막으로 장식한 것은 아름다운 한 그루 화분이었다. 미와 와사부로(三輪和三郞) 부부가 선물로 가져온 것이었다. 미와는 악명 높은 고등경찰이었다. 이상재를 비롯하여 나석주, 한용운, 박헌영 등 많은 항일애국지사를 악랄하게 취조하여, '염라대왕'이라는 별명까지 얻은 자였다.

안창호와 미와의 인연은 1932년으로 거슬러 올라간다. 윤봉길(尹鳳吉) 의사가 홍커우(虹口) 공원에서 폭탄을 투척한 직후, 그 사건의 여파로 안창호가 체포되었다. 상하이에서 체포된 그는 서울로 압송되어 미와 경부의 취조를 받았다. 미와는 날마다 야랄한 심문을 거듭했으나 그럴수록 안창호의 고결한 인품이 더욱 빛났다. 안창호는 대한독립에 관한 자신의 신념을 숨기지 않았다. 그는 정직하다 못해 성실했다. 우격다짐에 침묵으로 항의할지언정 거짓된 말은 입 밖에 꺼내지 않았다. 아무리 모질게 추궁해도 한번 입을 다물면 그것으로 그만이었다. 생사의 기로에 몰린 피의자 안창호가 도리어 단정하고 당당했다. 소박하고 겸손한 조선의 위대한 인격이라는 말밖에 달리 표현할 길이 없었다. '염라대왕' 미와는 그 인격 앞에 고개를 숙였다.

안창호는 마지막까지도 그랬다. 1936년 여름, 일제는 중일전쟁을 앞두고 공안몰이를 시작했다. 이른바 수양동우회 사건을 일으켜 안창호를 비롯한 다수의 지도자를 체포했다. 종로경찰서에서 처참한 고문이 날마다 계속되었다. 안창호가 이를 보다 못해 형사를 불렀다.

"우리 젊은 동지들에게 그대들이 고문하는 것을 보고 나는 심히 분노합니다. 내게는 아직 고문을 하지 아니했는데, 대답할 수 있는 말을 나는 이미 다 했소. 만일 내게 고문을 한다면 더 이상은 일언반구(一言半句)도 대답하지 않을 테니 그리 아시오."

이후 석 달 동안 모진 취조를 받은 안창호는 몸이 완전히 망가졌다. 그럼에도 그의 시퍼런 기상은 시들지 않았다. 고초를 함께 겪은 장리욱은 1936년 11월 서대문형무소에 수감될 때의 살풍경을 독백처럼 말했다.

차디찬 소독물을 펌프로 막 뿜어대는 통에 유치장에서 파리할 대로 파리해진, 피골상접한 동지들의 나체에는 소름이 끼쳐 덜덜 떨고 있었다. 그러나 도산 선생은 그야말로 털끝 하나 까딱하지 않고 단정한 태도로 그 차디찬 소독물 대포 시련을 받았다. 도리어 시원한 기분을 느끼시는 듯 태연자약하셨다. 도산 선생도 역시 다른 동지와 같이 쇠약한 몸에 그것이 견딜 수 없이 춥고 쓰라렸겠으나, (……) 그런 시련을 단정한 태도로 극복하셨다. 그때 선생의 인상이 너무도 엄숙하고 비장해서 나의 뇌리에서 사라지지 않는다.

쓰러지는 것이 너무 당연할 때조차 안창호는 태산같이 고요하고 엄숙했다. 미와는 안창호의 이러한 풍모를 일찌감치 알았다. 그랬기에 그는 1932년 안창호의 조서를 작성할 때 최대한 호의적으로 꾸몄다.

"만약 내가 진술한 그대로 조서를 만들었더라면, 나는 훨씬 더 무거운 형벌을 받았을 것이다."

안창호는 미와의 행적을 후세에 전했다. 안창호가 대전형무소에 수감되었을 때 미와는 한 달에 한 번씩 꼬박꼬박 면회를 갔다. 보다 못한 교도소장 미야자키(宮崎)가 미와 경부의 사상이 의심스럽다고 불평할 정도였다.

○미와 부인 눈물 흘리며 헌혈을 자청

그 안창호가 1938년 3월 병석에 누워 사경을 헤맸다. 소식을 들은 미와는 아내와 함께 병상의 도산을 찾아갔다. 별세하기 이틀 전이었다. 안창호는 함경도경찰국 미와 경부의 문병 소식을 그다음 날 병원으로 몰래 찾아온 옛 동지 선우혁에게 일렀다.

"아무리 우리가 서로 원수관계에 있다 할지라도 말이오. 미와의 아내는 딱한 내 모습을 보고 눈물을 흘리더군요. 뿐더러 그는 혈액형이 나와 같으므로 수혈을 하겠다며 의사까지 데리고 오지 않았겠소. 그런 것을 내가 가까스로 만류했소."

안창호로 말하자면 조국의 독립을 위해 가시밭길을 달려온 한국인이오, 미와는 일제의 하수인이었다. 미와가 줄곧 호의를 보인 것은 분명하지만, 그와의 관계는 어쩔 수 없는 '원수' 사이였다. 그렇건마는 병세가 위중한 자신을 위해 눈물을 쏟은 미와 부인을 보며 안창호는 고마움을 느꼈다. 핏기를 잃은 안창호에게 부인은 자신의 피까지 나눠주려 했다. 아마도 미와가 자기 아내에게 안창호의 고상한 인품을 줄곧 칭찬한 모양이었다. 그렇지 않았더라면 어떻게 이런 일이 일어났을까.

그들의 친절을 헤아릴수록 안창호의 심경은 더욱 불편해졌을 것이다. 식민 지배라는 비극만 아니라면 그들은 얼마든지 좋은 친구가 될 수 있었다. '그러나 한일 양국의 불행한 처지 때문에 우리는 피치 못할 한계를 인정해야 한다.' 안창호는 이런 결론을 내리며 부인의 헌혈을 사양했다고 본다. 개인의 친분보다 민족의 이해관계가 더욱 절실한 문제라고 그는 확신했을 것이다. 안창호의 시대에는 민족주의로 가장한 제국주의가 세상을 휩쓸었다. 그 물살이 대한해협 양쪽의 수많은 사람들을 집어삼켰다.

훗날 미와는 어떻게 되었을까. 해방 직후 김두한이 그를 처단했다는 말도 있지만 사실 여부는 아무도 모른다.

최근 일본의 아베 정권은 내외의 격렬한 반대에도 불구하고, 침략주의 노선으로 회귀할 태세다. 그들의 꽉 막힌 심보를 안타까이 여기며 나는 이렇게 안창호와 미와 일가의 사연을 떠올려 본다.

'식민지 근대화'를 거부한
시인 백석

백석(白石, 1912~1996)은 '식민지 조선'의 탁월한 시인이었다. 평안 북도 정주 출신인 그는 꾸밈없는 고향 사투리로 시를 썼다. 오늘 날 시인 백석의 이름을 모르는 사람은 거의 없을 것이다. 그가 시 인으로 본격적인 활동을 벌인 것은 일제강점기의 후반에 지나지 않았다. 그나마 해방 뒤에는 북한을 떠나지 못했다. 그렇지만 백 석의 아름다운 시는 문인과 지식인은 물론 일반 독자들의 사랑 을 듬뿍 받고 있다.

「나와 나타샤와 흰 당나귀」를 비롯해, 그가 쓴 상당수의 시들 이 오늘날에도 널리 애송되고 있다. 젊은 시절, 그의 연인이었던 자야(김영한)는 훗날 백석을 기념하기 위해 '백석문학상'을 제정 하기도 했다. 그녀는 자신이 운영하던 서울 성북동의 고급요정 인 대원각을 시주하여, 지금의 길상사를 탄생시킨 주인공이기도 하다.

한국인의 평범한 일상생활을 생생하면서도 아름답게 기록했다는 점에서, 백석은 한 사람의 역사가요, 일제가 강요하는 억압의 근대에서 벗어나 '자율의 근대'를 꿈꾼 민족지식인이었다.

그는 신구(新舊) 지식을 섭렵한 천재였다. 열아홉 살에 이미 『그 모(母)와 아들』이란 단편소설로 조선일보 신춘문예에 당선될 만큼 글재주가 뛰어났다. 어려서 배운 한문을 비롯해 영어, 프랑스어, 러시아어 및 일본말에도 능통한 백석이었다. 고향 부자 방응모가 준 장학금으로 그는 도쿄 아오야마(青山)학원 전문부 사범과(영어)에 입학했다. 최우등으로 졸업한 백석은 귀국길에 올라 교사 또는 기자로 생계를 꾸리며 적잖은 시를 썼다.

20대의 젊은 나이에 근대의 다양한 문예사조와 사상을 널리 접했지만 그는 자신의 시어에서 현학을 철저히 배제했다. 살아 숨 쉬는 고향의 입말이 아니고서는 한국의 문화적 정체성을 되살릴 방법이 없다고 믿었기 때문이다.

○ 고향의 입말로 쓴 시

본명이 백기행(白夔行)인 그는 '독립시인'이었다. 1930년대에는 각종 문인단체가 있었으나 어디에도 가입하지 않았다. '화이부동(和而不同)'이라는 옛말대로 온갖 흐름과 조화를 이루면서도 자신만의 독립적 세계를 유지했다. 여기에는 오산학교 시절의 은사였던 조만식 선생의 가르침이 중요한 역할을 했을 것이다. 같은 학교의 선배 시인 김소월 역시 그의 지향점이었다.

그래도 백석은 소월보다 한층 적극적이요, 어느 면에서는 투쟁적이었다. 백석의 시 「정주성」(1935)은 홍경래의 난을 떠올리게 한다. 그의 시어를 통해, 오래전에 좌절되고 만 민중의 꿈은 눈부시게 부활한다. "날이 밝으면 또 매기수염의 늙은이가 청배(푸른 배)를 팔러 올 것이다"라고 했듯 전통은 반드시 이어질 운명이다.

백석은 33편의 시를 묶은 시집 『사슴(1936)』을 세상에 선보였다. 「고방」, 「가즈랑집」, 「여우난곬족」 등 수록 작품의 목차만 쓱 훑어보아도 고유문화에 대한 그의 애착이 얼마나 깊었는지 느낄 수 있다. 33이란 숫자도 의미심장하다. 3·1 독립선언 때 민족대표의 수가 33명이었고, 불교적 세계관을 보여주는 '33천(天)'이란 숫자도 있다. 또 한국 민중이 길하게 여기는 완전수 9로 노름판에서도 제일 끝수가 높은 '가보'다.

더 중요한 사실도 있다. '사슴'은 도시문명으로 상징되는 '식민지 근대화'에 대한 반격이라는 점이다. 시인은 일제가 근대화 운운하며 숨통마저 끊어버리려 했던 한국의 가치와 전통을 되새기고 그 부활을 꾀했다. 그리하여 소설가 이효석은 "잃었던 고향을 다시 찾았다"라고 찬탄했고, 시인 박용철은 "모국어의 위대한 힘"을 재삼 느끼게 되었다고 호평했다.

물론 그때도 견해 차이는 있었다. 시인 오장환은 백석의 시가 삶의 진실을 드러내지 못한다고 비판했다. 또 임화는 백석의 "야릇한 방언"을 지방주의라고 낙인찍었다. 임화도 탁월한 문인이었지만 백석의 시를 제대로 이해하지는 못했다.

○ 전통의 미덕과 자율의 근대 함께 소망

여러 정황으로 보아 백석은 1930년대 한국인이 당면한 문화적 위기를 누구보다 진지하게 고뇌했고, 그래서 끝없이 방황했다. 그때는 민족 문제를 본격적으로 거론하는 것 자체가 불가능했다. 머지않아 한글조차 노골적인 탄압의 대상으로 전락하고, 징병과 징용의 피비린내가 휩쓸 판이었다. 한국은 위기의 심연으로 침몰하는 한 척의 배였다. 그때 백석은 고향의 순수한 토속말을 가지고 그 뱃전에서 초혼가를 불렀다고 봐야 한다. 역사의식 또는 각성된 문화적 자의식, 이것이 그 시인의 생명이요, 특장이었다.

「목구(木具)」라는 시 몇 줄을 읽어보자.

> 내 손자의 손자와 나와 할아버지와 할아버지의 할아버지와 할아버지의 할아버지의 할아버지와 (……) 수원 백씨(水原白氏) 정주백촌(定州白村)의 힘세고 꿋꿋하나 어질고 정 많은 호랑이 같은 곰 같은 소 같은 피의 비 같은 밤 같은 달 같은 슬픔을 담는 것 아 슬픔을 담는 것 (……)

시인은 '슬픔을 담는 것'이 목구, 즉 나무로 된 목기라고 했다. 아름답고 유구한 그 전통이 끝없는 슬픔에 싸여 있었기에 시인의 비애가 절절했다.

그런데 그가 노래하는 그 전통은 일제의 압박으로 박살 날 만큼 허약한 것이었던가? "힘세고 꿋꿋하고 어질고 정 많고 곰 같고 소 같고 피의 비 같고 밤 같고 달 같은" 그 전통이 그렇게 허무하게 무너질 수 있는 것인가.

백석이 노래하는 비운의 당사자는 얼핏 그 자신을 포함한 '수원 백씨' '정주 백촌' 사람들로 보인다. 그러나 조금만 깊이 파고들면 이야기는 확 달라진다. "내 손자의 손자와 나와 할아버지와 할아버지의 할아버지와"라고 했으니, 사실은 한국 사람 모두가 운명의 당사자다. 과거, 현재, 미래를 초월해서 그런 것이다. 그럴진대 백석은 풍전등화의 위기 속에서 민족의 위대한 전통을 또렷이 기억하고, 부활의 주술을 걸었다고 평가해야 한다.

적극적으로 말해, 「목구(木具)」는 조선총독부가 추구하는 경성(서울)의 근대화를 부정한 것이다. 다른 시에서도 보이듯, 백석은 식민지의 근대를 제국주의의 가면, 전통의 파괴로 간주했다. 그는 고유한 전통의 미덕을 바탕으로 자유와 평등의 날개를 단 자율적 근대를 소망한 시인이었다.

○ 식민지에서도, 북에서도 비운의 삶

시대는 백석을 일탈과 방랑의 길로 내몰았다. 민족차별의 문제 역시 그 가운데 하나였다. 피지배층인 한국인으로서, 그는 일본 군국주의자들이 강요하는 구조적 차별에 분노했다. 「팔원」에서 일본인 순사 집에서 식모살이하는 한국인 소녀의 얼어터진 손등에 눈물을 흘린 이유다. 식민지 사회 내부의 계급적 갈등도 그의 마음을 어지럽혔다. 「여승」은 옥수수를 팔며 생계를 잇던 시골 여성이 고통을 참지 못하고 절간으로 피신한 사실을 폭로했다. 절간으로의 도피는 결국 미봉책이란 점에 시인은 고뇌했다.

한 번도 백석은 드러내놓고 민족주의자 또는 사회주의자를 자처한 적이 없었다. 그럼에도 민족과 계급 문제에 대한 그의 관심은 뿌리가 깊었다. 개인의 자유를 중시하는 그였기에 함부로 카프 계열의 사람들과 어울리지 않았다. 그러나 그 역시 정의와 평등의 사회개혁을 염원했다.

'백석은 순수 민족시인이다', '이념과는 거리가 먼 방랑의 시인 또는 자유의 시인이다', '해방 뒤 백석이 비록 북한에 눌러앉았다 해도, 그것은 이념 때문이 아니었다', '북한에서 그는 아동문학에 전념했으나, 결국 문단에서 축출되었다', 이런 식의 평가가 한동안 대세를 이루었다. 그러나 백석이 과연 북한의 정치적 이념과는 아무 상관도 없었는지 의아하게 여기는 학자들도 있다.

백석의 진실은 과연 무엇일까? 해방 당시 백석은 만주에 있었다. 그가 만약 사회주의 체제를 반대했다면, 남쪽으로 내려올 수도 있었다. 그러나 러시아어에 능통했던 백석이다. 그는 사회주의에 일말의 기대를 걸었던지, 평양으로 내려가 은사 조만식 선생의 통역비서를 맡았다. 은사가 숙청된 뒤에는 문학 활동에 전념했다. 그러다가 1959년에 백석은 함경남도 삼수의 국영협동농장으로 옮겼다. 농장생활에서 그는 공동체 문화의 단초를 발견하고 북한 체제를 찬양하기도 했다.

한국전쟁 후 남쪽에서는 백석의 아름다운 서정시도 금서가 되었다. 냉전시대의 산물이었다. 그러다가 1980년대 말 백석의 시들은 깊은 잠에서 깨어났다. 그 화려한 귀환에 다들 열광했다. 언어의 주술사 백석은 시로써 우리 전통의 아름다움을 노래했다. 또 개인의 자유가 보장되고 불의와 불평등이 사라진 새 세상을 꿈꾸었다. 안타깝게도 그 꿈은 식민지에서도, 북한에서도 파탄으로 끝났다. 그럼 여기서는 과연 가망이 있는 것일까.

실천적 지식인
리영희

1977년 11월 23일 아침 리영희(李泳禧, 1929~2010)는 서울 변두리의 허름한 동네이발소에서 머리를 깎다 말고 갑자기 들이닥친 공안당국자에 의해 연행되었다.

『8억 인과의 대화』를 통해 당시에는 적대 국가로 간주되던 중국 사회의 실상을 객관적으로 깊이 탐구했다는 이유였다. 그는 악명 높은 남영동 대공분실에서 여러 날 취조를 받았다. 당국은 그에게 중국 공산당을 '고무찬양'했다는 혐의를 씌웠다. 리영희가 반공법으로 기소되던 날, 그의 모친은 세상을 떠났다. 죄수 아닌 죄수 신분이라 그는 자식 된 도리를 다하지 못했다.

그는 평생 총 다섯 차례에 걸쳐 수감되어 1012일을 감옥에서 지냈다. 1969년부터 그와 독재정권의 불화가 본격화되었다. 당시 리영희는 조선일보 기자로 베트남전쟁을 취재하다가 숨겨진 진실을 발견했다. 알려진 것과 달리 미국은 통킹만 사건을 의도적으로 일으켰고, 자국의 이익을 극대화하기 위해 언론을 통제하고 갖은 음모를 꾸몄다는 것을 알게 됐다. 리영희는 지나친 친미주의를 경고했고, 한국군의 베트남 파병도 반대했다. 이 일로 그는 신문사에서 쫓겨나 합동통신사로 자리를 옮겼다.

하지만 날로 커가는 독재권력의 횡포를 좌시할 수 없어 '64인 지식인 선언'에 서명했다. 그 바람에 1971년에 다시 한 번 해직되었다. 이후 리영희는 잠시 대학교수가 되기도 했지만 오래지 않아 거기서도 설 자리를 잃었다. 1989년까지 그에게는 해직과 투옥이 밀물과 썰물처럼 교대로 되풀이되었다.

○ 국가·민족보다 중요한 건 '진실'

20세기 한국 사회에는 광풍이 휘몰아쳤다. 리영희의 표현을 빌리면 그것은 '야만의 시대'였다. 그와 같이 양심을 지키며 소신껏 살고자 했던 지식인들에게는 끝없는 고난의 행렬이 기다리고 있었다.

그 엄혹했던 시대에 나는 '지식인'으로서의 자신에 대한 책임으로서, 그리고 인간답게 살 수 있는 권리를 위해서 싸우는 고결한 정신의 소유자들을 돕기 위해서, 많은 글을 썼고 많은 발언을 했다. 이로 말미암아 나에게 가해지는 고뇌와 불이익은 말할 수 없이 혹독했다.

훗날 노경의 리영희는 자신의 삶을 그렇게 반추했다.

언젠가 리영희는 짧고 힘찬 어조로 자신의 신조를 밝힌 적이 있다.

"내가 정말 중요하게 생각하는 것은 국가가 아니야. 민족 같은 것이 아니야."

"나에게 정말 중요한 것은 진실이야."

이로써 그는 국가나 민족의 가치를 부정한 것이 아니다. 제아무리 소중한 것이라도 진실의 토대 위에 바로 서지 않으면 안 된다는 확신을 드러낸 말이다.

언론인으로서 그는 한 시대를 휩쓰는 이념과 현란한 정치적 수사의 장막에 숨겨진 추악한 위선과 허위가 적지 않음을 인식하고 경악했다. 그 진실을 세상에 알리는 것은 극히 위험한 일이었다. 그러나 진실의 힘이 아니라면 과연 어떻게 권력의 독주와 횡포를 막을 수 있겠는가?

○ 우상에 도전하지 않고 발전 없다

나의 글을 쓰는 목적은 진실을 추구하는 오직 그것에서 시작되고 그것에서 그친다. 진실은 한 사람의 소유물일 수 없고 이웃과 나눠져야 할 생명인 까닭에, 그것을 알리기 위해서는 글을 써야 했다. 그것은 우상에 도전하는 이성의 행위이다. 그것은 언제나, 어디서나 고통을 무릅써야 했다.

그러나 그 괴로움 없이 인간의 해방과 발전, 사회의 진보는 있을 수 없다.

『우상과 이성』(1977)의 서문에서 리영희는 자신의 외로운 결심을 그렇게 선언했다. 그런데 그가 진실을 탐구하는 방식은 특별했다. 그는 절대로 이름난 학자의 이론에 기대지 않았다. 권력자의 시녀나 다름없는 주류 언론매체를 추종하거나 모방하지도 않았다. 그가 믿은 것은 오직 자신의 양심과 이성뿐이었다.

그는 학창시절 이공계 교육을 받았는데 그 과정에서 터득한 진실 탐구 방법이 하나 있었다. 절대로 외부 권위에 의존하지 않고 독립적으로 판단할 것, 되도록 많은 정보를 수집하여 치밀하게 분석하고 이를 자력으로 해석할 것. 이러한 리영희식 진실 탐구는 '리영희적 세계관'을 탄생시켰다. 어떤 주제를 다루건 간에 그는 자본주의를 옹호하는 권위 있는 정치학자나 사회학자의 이론과도 거리가 멀고, 공산주의자들의 선전과도 다른 비판적 현실 인식에 도달했다.

그의 펜 끝에서 나온 기사와 논평들은 많은 사람들을 일깨워주었다. 예나 지금이나 권력자들은 시민 위에 군림하며, 국가의 모든 현안에 멋대로 정답과 오답을 결정하고 주입하려 든다. 권위주의의 민낯이다. 이른바 주류 지식인들은 앵무새처럼 권력의 들러리를 자임하기 일쑤다. 그들의 거짓과 횡포에 맞서 리영희는 자신이 발견한 진실을 토대로 사물에 관한 냉엄한 인식을 촉구했다. 연달아 그는 정권의 비리와 모순을 폭로했고, 맹목적 반공 친미주의와 이른바 한미일 삼각동맹의 문제점을 날카롭게 지적했다.

○ '생각' 불어넣는 '의식화'의 원흉

권력의 핍박은 계속되었다. 그럼에도 리영희의 대중적 인기는
날로 높아갔다. 1980년대 초반 공안당국은 비밀리에 대학생들
이 가장 선호하는 책 30권을 조사했다. 놀랍게도 1위는 리영희
의 『전환시대의 논리』였다. 2위 역시 리영희의 『8억 인과의 대화』
였다. 3위는 송건호의 『한국 민족주의 탐구』, 4위는 박현채의 『민
족경제론』이었고, 5위는 다시 리영희의 『우상과 이성』이었다. 리
영희의 비판적 세계관이야말로 독재정권의 존립 근거를 무너뜨
리는 가공할 무기가 될 수 있는 상황이었다.

권력자들은 리영희를 가리켜 "지식인, 대학생과 대중의 머릿속
에 '생각'을 불어넣는 '의식화의 원흉'"이라고 매도했다. 그들은
진즉에 리영희의 저술을 금서목록에 포함시켰지만 소용없는 일
이었다. 1970~1980년대 대학가에서는 누구나 리영희를 즐겨 읽
었고, 거기서 많은 영향을 받았다.

그 책들은 이른바 '의식화' 교과서였다. 리영희의 책을 읽고 많
은 청년들이 그동안 아무런 생각 없이 살아온 과거를 반성했다.
리영희의 저술은 그들 자신이 한국 사람임을 알게 하며, 지식인
의 사명을 느끼고, 시대의 아픔을 직시하게 했다. 요컨대 그의 책
은 우리 현실의 남루함을 일깨워주는 각성제였다. 강준만은 그
점을 다음과 같이 요령 있게 서술했다.

멀쩡하던 대학생들이 리영희의 책만 읽으면 충격을 받고 이상하게
변해갔다. 자신과 가족을 위해 좋은 직장을 얻기 위한 공부에만 몰두

하겠다던 '청운의 꿈'을 내던지고, 진실과 인권과 상식의 가치에 입각해 이 사회와 나라를 걱정하기 시작했다.

이 말처럼 리영희에게는 청년들의 인생을 송두리째 바꾸는 놀라운 힘이 있었다. 그의 저술은 새 세상을 약속하는 명징한 언어로 가득한 백과사전이었고, 거역하지 못할 양심의 명령이었다.

○ 냉전 극복, 평화통일 문제의식 현재진행형
시대의 조류에 부응해 리영희의 문제의식도 변화를 거듭했다. 주로 한반도 평화와 통일을 위한 동아시아의 새로운 질서를 모색했던 것이지만, 제3세계 문제에도 큰 관심을 가졌다. 노년에는 사회주의 및 자본주의의 공존과 균형을 촉구하며 『새는 좌우의 날개로 난다』(1994)를 펴냈다.

이후 김대중, 노무현 정부가 등장하자 진보 지식인들이 앞다퉈 정치 전면에 나섰다. 리영희는 달랐다. 한자리를 꿰차고 현실에 안주하는 대신, 재야에 남아 끝까지 정권을 감시하고 철저히 비판했다. 리영희라야 할 수 있는 일이었다.

진보적 지식인들은 '사상의 은사'로 평가했고, 독재권력은 '의식화의 원흉'이라 매도했던 리영희는 우리 곁을 떠난 지 오래다. 그렇지만 냉전적 사고를 극복하고 평화통일의 과제를 해결해야 한다는, 그가 풀지 못한 숙제는 여전히 남아 있다.

고뇌하는 인간
김홍섭 판사

1965년 3월 16일 오후 2시 20분, 김홍섭(金弘燮, 1915~1965)은 향년 51세를 일기로 서울 종로구 사직동 자택에서 눈을 감았다. 밖에는 진눈깨비가 흩날리고 있었다.

"평생을 되돌아보니 내가 지은 죄가 참으로 많았다."

해방 이후 20년가량 그는 판사라는 직업에 종사하며 세상 사람들의 죄를 다스려왔다. 허나 따지고 보면 자기 자신도 죄 많은 사람일 뿐이라는 고백이었다. 죽음에 임하는 서울고등법원장 김홍섭의 겸허한 태도에 절로 고개가 숙여진다.

일제강점기 그는 전라북도 김제에서 가난한 농부의 아들로 태어났다. 정규교육이라곤 4년제 원평보통학교(초등학교)를 마쳤을 뿐이다. 그러나 학업을 포기할 수 없어 독학으로 중등학교 과정을 수료했다. 그는 온갖 어려움을 무릅쓰고 도쿄에 있는 니혼대학(日本大學) 전문부에 유학했다. 그런데 유학을 떠난 지 불과 1년여 만에 '조선변호사시험'에 합격해 세상을 놀라게 했다(1940).

귀국한 김홍섭을 부른 이는 법조계의 대선배 김병로(金炳魯, 1887~1964)였다. 김병로는 자신의 비좁은 변호사 사무실을 함께 나누어 쓰자고 제의했다. 그때부터 두 사람은 끝까지 서로에게 굳은 신의를 지키며 살았다. 격동과 혼란, 굴욕으로 점철된 한국 현대사를 온몸으로 겪으면서도 그들은 법률가로서 소신과 양심을 지켜냈다.

1996년 MBC에서 300여 명의 법조계 중진들에게 물었다. '가장 존경하는 선배 법관은 누구인가?' 그들이 가장 존경하는 선배는 첫째가 사법부의 독립을 지킨 초대 대법원장 김병로였고, 둘째는 청렴과 양심의 상징인 김홍섭 판사였다. 우연이 아니었다. '대쪽 검사'로 이름난 최대교가 세 번째였다. 법조계 일각에서는 이들 3인을 '법조3성(法曹三聖)'이라 일컫는다.

○ 그런 법조인이 되고 싶지 않았던 소년 김홍섭

소년 시절 김홍섭은 『소공자』라는 동화를 탐독했다. 거기에 등장하는 영국 변호사 해비셤은 그가 생애 최초로 알게 된 법조인이었다. 해비셤은 "통통하고 짧고 몽실몽실한 손가락"의 소유자였다. 소년 김홍섭은 이런 표현이 무엇을 상징하는지를 그때 벌써 눈치 챘다. '법조인은 출세욕이 강한 사람이다. 그 가운데는 법의 위세를 빌려 자신의 욕망을 추구하는 속물적 인간형이 많은 모양.' 소년은 결코 그런 법조인이 되고 싶지 않았다.

그러나 일제 말기 저들의 통치가 더욱 강압적으로 변해가자 청년 김홍섭의 생각이 바뀌었다. "변호사가 되고 싶다. 이 군국주의자들의 침략 앞에서 나 자신의 신변을 지킬 수 있는 유일한 방법은 그것뿐이다."

해방 뒤 그는 '보신(保身)'을 목적으로 법률 공부에 매달렸다고 고백했다. 그 일을 회상하며 "법률, 너와 나는 부자연스럽게 결합된 사이였다"라고도 서술했다. 김홍섭은 당시의 "법률은 악법이 대부분이었다"라고 단언했다. 그랬기에 변호사 노릇이 내키지 않았고, 억지 변론을 통해 "돈을 벌 만큼 강심장이 되지도 못했다."

1945년 일제가 물러가자 김홍섭은 법조계를 떠날 생각이었다. "법률 또는 법조인에게는 더러운 세상과 타협하기 좋아하는 속성이 있다." 소싯적부터 그는 줄곧 그렇게 믿었다. 그래서 이직을 서둘렀지만, 주변 사람들의 완강한 반대에 부딪혔다. 그들은 이렇게 말했다. "이제 국권이 우리 한국인의 책임 아래 있지 않소. 당신과 같은 전문가들이 더욱 수고해야 할 때가 지금이요." 사실 틀린 말이 아니었다. 게다가 가난한 김홍섭으로서는 생계를 이을 다른 방법도 없었다.

번민 끝에 김홍섭은 법조계에 남았다. 마음을 고쳐 그렇게 결정한 이상, 그는 악덕과 불의를 추방하는 데 진력하기로 다짐했다. 수년 뒤 그는 형사사건을 전문적으로 취급하는 판사가 되었다. 이권과 재산 문제 등을 주로 다루는 민사사건은 아예 관심 밖이었다.

○ 간사한 저 모리배들을 어쩌할까

나라가 해방되자 과거의 친일파들은 자중하는 듯했다. 그들은 생업 전선에서 물러나 세상의 추이를 주시했다. 그러나 오래가지 않았다. 그들은 "본연의 외세 의존적 촉수를 드러내며" 세상의 중심으로 다시 진출했다. 해방공간의 국내 사정을 날카롭게 파헤친 어느 글에서 김홍섭은 사태를 냉철하게 인식했다. 그가 주목한 친일파 중에는 속내를 버젓이 드러내놓고 다음과 같이 공언하는 사람들도 있었다.

"역대 일본총독치고 나하고 친하지 않은 사람이 없었다. 나와 친하지 않은 군사령관도 없었다. 이 땅이 미군 치하인 이상 미국의 장군과 영관급 장교들에게 나는 얼마든지 접근할 자신이 있다. 만약 소련군 천하가 되더라도, 그 두목들과도 친근하게 지낼 자신이 있다."

세상일은 정말 그런 식이 되어갔다. 친일파의 화려한 부활이 도처에서 목격되었다. 깊은 시름 속에서 김홍섭은 이 나라의 장래를 걱정했다.

"이런 악질 모리배들의 눈에는 국가라는 것이 마치 초대형 회사같이 보이는 모양이다. 그들은 사업하는 재미로 국가를 동업자처럼 상대한다. 과연 국가란 소수의 이익을 보장하기 위한 겉치레에 불과한 것인가?"

김홍섭의 눈에 비친 그들 친일파들은 새 나라의 운명을 위협하는 "악질 모리배"였던 것이다.

그들이 멋대로 날뛰는 세상은 그 뒤로도 계속되었다. 이른바

'혼'이 멀쩡한 사람이라면, 출세와 부귀영화를 감히 꿈꾸기조차 어려운 세상이었다. 김홍섭이 판사라는 직업과 삶에 대해 끝없이 고뇌한 것은 당연한 일이었다. 쓸쓸한 일이지만, 그때나 지금이나 딱한 사정은 오십보백보가 아닐까.

○ '사도법관'을 넘어서

그의 삶은 한마디로 말해 선명하다 못해 투명했다. 요즘처럼 물욕을 자랑처럼 떠벌리는 세상에서는 도무지 믿을 수 없는 일화를 그는 무척 많이 남겼다. 그는 기름 한 방울 나오지 않는 나라에서 고위층이 고급 승용차를 타고 다니는 것은 잘못이라고 노골적으로 비판해 물의를 일으키기도 했다. 물론 그 자신은 서울고등법원장 시절, 관용차를 청사에 세워두고 도보로 출퇴근하곤 했다. 평생 촌지는 물론이고, 일체의 접대와 향응도 사절했다. 개인 용도로는 법원의 편지봉투 한 장 쓰지 않았다고 한다. 또 판사의 직무상 양복을 자주 입기는 했지만, 그가 몸에 걸친 것은 헐값에 산 중고품뿐이었다. 신발도 '비닐'로 구두 흉내만 낸 것, 또는 검정고무신이 전부였다.

그 시절 한국 사회는 가난에 신음했으나 '사회 지도층'의 부정부패는 도를 넘었다. 마음먹기에 따라서는 김홍섭도 상당한 사치와 호사를 누릴 수 있었을 것이다. 허나 그의 양심이 허락하지 않았다. 차라리 '사서 고생하는 바보'가 되기를 그는 바랐다. 그의 집무실 책상 위에는 항상 정약용의 『목민심서』가 놓여 있었다.

법관의 사명에 대한 이해 역시 남다른 점이 있었다. 피고인의 유죄 여부를 따지는 것은 물론, 범죄자의 영혼을 교화(教化)하는 것도 법관의 책임이라고 그는 믿었다. 김홍섭은 틈을 내어 교도소를 방문했다. 특히 사형수들을 자주 찾았는데, 그중에는 그의 인품과 정성에 감화된 이들이 많았다. 독재자 이승만의 심복으로 비리를 일삼던 특무대장 김창룡을 쏜 허태영 대령도 그 가운데 하나였다. 독재정권은 김홍섭이 허태영과 가까이 지내는 것을 달가워하지 않았지만, 그는 끄떡도 하지 않았다.

훗날 장면 전 총리는 그를 일컬어 '사도법관', 즉 그리스도의 사도(使徒)와도 같은 판사라고 했다. 김홍섭에게는 과연 수도자 같은 면모가 뚜렷했다. 그는 헌신적인 천주교 신자였는데, 사형수에게도 신앙의 '대부'가 되어 신앙을 전도했다. 봉급을 쪼개어 전국의 감옥에 신앙 잡지를 보내기도 했다. 19세기 전주의 순교자 유요안과 이누갈다 부부의 신앙유적지를 보존하는 데도 힘을 쏟았다. 따라서 그의 사상과 행적을 연구한 학자들이 그의 종교활동에 초점을 맞춘 것도 일리가 있다.

그러나 한 가지 더욱 중요한 사실이 있다. 김홍섭은 사법부의 독립과 정의 구현을 위해 끝까지 노력했다는 점이다. 1946년 9월, 그는 '정판사 위조지폐 사건'의 담당 검사였다. 좌우익의 대립이 극심했던 그때, 미군정은 수사와 재판에 노골적으로 간여했다. 이에 맞서 김홍섭은 사법권의 독립을 주장하며 군정당국과 정면충돌했다. 당시 미군 장교가 자신의 뜻대로 재판이 진행되기를 요구했으나 이를 거부했다. 김홍섭은 재판에 외부의 입김이 작용하지 않도록 일체의 선물과 접대를 거부했다. 나중에 제

2공화국 시절에도 그는 집권층의 실정을 조목조목 비판했다. 세상 사람들은 잘 모르고 있지만, 권력의 독선과 오류를 지적함에 있어 그는 주저함도 망설임도 없었다. 세월은 흘렀건마는 김홍섭 판사가 더욱 그리운 것은 무슨 까닭인가.

강직한 '누룽지 검사'
최대교

"청렴하기 때문에 강직할 수 있다."

최대교(崔大敎, 1901~1992) 검사가 남긴 말이다. 그는 오랫동안 검사의 직책에 있었으나 늘 가난했다. '냉수도 헹구어 마시는 사람.' 이것이 주위 사람들의 평판이었다. 그는 쌀 한 가마를 살까 말까한 월급밖에 몰랐다. 때문에 그의 부인과 자녀들은 편지봉투를 만드는 부업을 해서 생계에 보탰다. 자녀들은 수업료조차 제때 납부하지 못했다. 그래도 최대교는 마음이 흔들리지 않았다.

서울지방검찰청 검사장의 지위에 있었을 때도 그는 도시락조차 제대로 챙겨오지 못했다. 점심시간에 사무실 문을 걸어 잠그고 남몰래 누룽지로 허기를 때울 때도 많았다. 한번은 검찰청 출입기자들에게 그 장면을 들킨 적도 있었다. 그 바람에 '누룽지 검사'라는 별명을 얻었다.

최대교란 이름이 세상에 널리 알려지게 된 계기가 있다. 1949년에 일어난 임영신 상공부장관 독직사건이었다. 임영신은 일제강점기 미국에서 유학했고, 그때부터 줄곧 이승만과 가까웠다. 이승만이 유학생인 그에게 청혼했다는 소문도 있었다. 1948년 8월 제1공화국이 출범하자 이승만 대통령은 임영신을 상공부장관에 임명했다. 측근인 그에게 대통령은 대미경제 교섭창구를 맡긴 것이다.

신생 대한민국 경제는 미국의 원조물자에 크게 의존했다. 원조물자를 취급하는 상공부장관직은 그야말로 권력의 실세요, 노른자위였다. 대통령의 신임이 더욱 두터워지자 임영신은 장관 자리 하나로는 만족하지 못했다. 국회 진출도 노렸다. 현직 상공부장관의 직권을 남용해가며 적극적으로 선거운동을 벌였던 것이다. 그리하여 국회에 입성했다.

임영신에 대한 여론은 크게 악화되었다. 그의 독직사건은 서울지방검찰청의 수사 대상이 되었다. 평소 대쪽 같은 성품으로 명성이 자자했던 최대교가 마침 서울지방검찰청의 검사장이었다. 최대교는 이 사건의 수사를 진두지휘하여 임영신 장관의 혐의 사실을 입증하는 증거자료를 다수 확보했다.

하지만 이승만 정권은 임영신 장관에 대한 수사를 방해하고 나섰다. 경찰에 압력을 넣어 수사에 협조하지 못하도록 했다. 최대교 검사장은 아랑곳하지 않았다. 그러자 집권층은 최대교 등에게 사람을 보내, 이 사건을 더 파고들면 보복인사를 단행하겠다고 협박했다. 사건을 담당하는 검찰 측 인사들을 공산당으로 몰아 사회적으로 매장시키려 들었다.

이런 경우 늘 그렇듯 부당한 압력의 이면에 달콤한 회유책도 마련되어 있었다. 수사를 적당한 선에서 유야무야 끝내준다면, 최대교에게는 법무장관 자리를 보장해주겠다고 했다. 휘하 검사들 역시 요직으로 영전시켜주겠다는 제안이 잇달았다. 그러나 최대교 검사장과 동료 검사들은 조금도 흔들리지 않았다.

○ 검찰 중립 없이 삼권분립 어림없다

사태가 심각해지자 이승만 대통령은 법무장관을 개입시켰다. 정권 차원에서 임영신 장관에 대한 기소유예를 노골적으로 주문했다. 설사 임영신 장관이 부정부패 행위를 저질렀다 해도, 대한민국이란 국가의 대외적인 체면을 위해서 그만 묻어두라고 했다. 허다한 원조물자를 취급하는 상공부장관이 직권남용죄로 처벌될 경우, 미국은 한국 정부를 불신하게 될 것이고, 이것은 국익에 해롭다. 따라서 임영신 장관에 대한 수사를 중단해야 한다는 것이었다. 임영신 장관 역시 이승만 대통령의 적극적인 비호를 방패삼아 연일 큰소리를 쳤다. "어떤 경우라도 절대 물러나지 않겠다!"

그러나 최대교 검사장은 한 발짝도 물러서지 않았다. 그는 임영신 장관의 비리행위를 입증하는 증언과 물증을 낱낱이 수집해 그를 사기 및 수뢰혐의로 전격 기소했다. 고집을 부리던 임영신 장관은 결국 현직에서 물러날 수밖에 없었다. 법 앞에는 만인이 평등하다. 이것은 근대적 법정신의 요체였다. 최대교는 난관을 무릅쓰고 이를 실천하기 위해 최선을 다했다고 볼 수 있다.

그러나 법원의 판결은 달랐다. 증거불충분을 이유로 임영신 장관은 무죄 석방되었다. 검찰의 중립이야말로 행정부에 대한 사법부 독립의 시금석이요, 이것이 불가능하다면 삼권분립도 불가능하다. 이렇게 확신했던 최대교는 검사장 자리에서 축출되었다. 권력자의 눈 밖에 난 그는 변호사 개업을 서둘렀다.

임영신 장관 사건 이후 이승만 정권은 검찰에 대한 간섭을 더욱 강화했다. 검찰은 정권의 시녀로 전락하여 야당 탄압의 전위가 되었다. 누구든 정권의 입맛에 맞지 않으면, 체포와 구금을 면치 못했다. 행정부에 이어 사법부와 입법부를 무릎 꿇린 이승만은 초월적 독재자로 군림했지만 1960년 4·19 혁명을 만나 좌초하고 말았다.

○ "검사동일체 악용하는 고위간부가 문제"

중년의 최대교는 서울 변두리에 20여 평 낡은 한옥 한 채를 마련했다. 이 집에서 그는 평생을 살았다. 생의 마지막까지 사용한 변호사 사무실 역시 두어 평의 좁은 공간이었다. 일찍이 위당 정인보는 최대교의 삶을 '가을 강(秋水)'에 비유하며 그의 고고한 인품을 기렸다.

가을 강은 맑지만 부드러워 배 띄우지 못할 얼음강과 다르다오(秋水之清清而柔 不如氷江不可舟).

최대교는 참으로 강직했다. 나라에서는 국민훈장 무궁화장을 주어 그의 노고에 보답했다(1991). "법을 지키는 것이 인권옹호입니다. 사리사욕을 앞세워 법을 무시하면 그것이 인권유린인 동시에 국가 발전을 기로막는 저해행위입니다." 훈장을 받은 소감을 그는 이렇게 말했다. 최고 권력자라도 성역이 있을 수 없다는 평소 신념을 표현한 것이다.

한국 현대사는 정치적 중립을 상실한 채 권력의 눈치 보기에만 급급한 검찰의 추태를 목격할 때가 많았다. 검찰 선배로서 최대교는 이를 몹시 안타깝게 여겼다. 특히 그는 검찰 고위간부들의 역할을 강조했다.

"일선 검사들의 행위야 일일이 비난할 것이 못 되고, '검사동일체'의 원칙을 악용하는 고위간부가 문제다."

권력자의 의중을 헤아리며 자신의 출세와 영달만을 생각한다면 검찰의 중립은 불가능한 일이다. 오로지 법과 양심에 따라 검사는 기소권을 행사해야 한다. 집권세력의 집요한 압력에도 굴하지 않고, 실세 장관을 기소처분한 왕년의 최대교 검사장이 아니면 하기 어려운 말이다.

2015년 4월, 성완종 리스트로 세상이 떠들썩했다. 사건 직후 검찰은 특별수사팀을 구성해 석 달 가까이 수사를 했다지만 결과는 초라하기 짝이 없다. 검찰은 140명가량을 철저히 조사했다고 주장한다. 그러나 시민들이 보기에는 과연 검찰이 수사 의지를 갖고 있는지조차 의심스러울 지경이었다. 당초 의혹이 제기된 정치인들에 대해 검찰은 계좌 추적도 하지 않았다. 정권 실세에 속하는 관련자들은 간단히 서면조사만 하고 넘어갔다. '유권무죄(有權無罪),' 즉 권세만 있으면 지은 죄도 없어진다고 비꼬는데,

일리가 있는 말이었다.

약 70년 전인 1949년에는 최대교처럼 강직한 이가 있어, 검찰 중립을 위해 혼신의 힘을 쏟았다. 그동안 세상 참 좋아졌다고 입버릇처럼 말하는 사람들도 많다. 하지만 우리 사회의 권력 뒤 내밀한 곳에서 여전히 풍기고 있는 이 악취는 도대체 무엇이란 말인가.

6장

'생태주의, 라는 이름의 새 길을 열다

19세기 후반 조선에는 신경향의 선비들이 점점 많아졌다. 그들은 성리학을 배웠으나, 그 틀에 갇히지 않았다. 그들은 서학, 곧 서구의 종교인 기독교에 깊은 관심을 가졌으면서도 그에 경도되지는 않았다.

　그런 이들이 길을 열었다. 동학(東學)을 출발점으로 삼아, 우후죽순으로 이 땅에 다양한 신종교단체들이 출현했다. 20세기 초까지 한국에는 새 세상을 지향하는 종교 지도자들의 활동이 눈부셨던 것인데, 그들 가운데서도 나는 최시형을 으뜸으로 생각한다.

　동학의 제2대 교주 최시형은 생태적 삶의 의미를 발견한 선각(先覺)이었다. 이른바 '근대'라는 것이 어떠한 삶을 추구하는 것이 바람직할지를 최시형보다 깊이 생각한 사람은 거의 없었다. 그는 생명과 무생명의 경계를 초월했다. 모든 것이 그의 눈에는 우주의 가장 존귀한 자, 하늘이었다. 최시형의 사상은 유교, 불교, 도교를 관통하면서도 전통의 찌꺼기에 함몰되지 않았다는 점에서, 우리의 관심을 모은다.

　해월의 길을 따라 걸으며, 거기서 한 발짝을 앞으로 디딘 이는 무위당 장일순이 아니었을까. 한마디로 그는 '생명운동가'였다. 낙망에 빠진 농촌을 되살리기에 힘썼고, 반독재투쟁에도 앞장섰던 20세기의 지사적 선비였다.

　현대 한국의 생명사상가를 거론할 때면, 결코 빼놓을 수 없는 이가 또 있다. 바보새 함석헌이다. 그는 동서양의 고전에 두루 통달했던 지식인으로서 그의 족적은 여러 분야에 두루 미쳤다.

"생각하는 백성 없이 위대한 나라 없다!"

함석헌의 맑고 또렷한 목소리가 깊이 잠든 우리를 흔들어 깨운다.

인간의 생태적 삶을 꿰뚫어본
선지자 최시형

해월(海月) 최시형(崔時亨, 1827~1898)은 현실의 질곡에 빠져 허우적
대는 세상 사람들의 마음을 위로하기 위해, 보따리 하나를 달랑
메고 30년 넘게 고난의 길을 걸었다.

그리하여 그의 별명은 '최보따리'가 되었다. 동학 2대 교주 최
시형의 염원은 현실정치라는 피상적 수준에서의 변화가 아니었
다. '정치가 바뀐다고 삶이 근본적으로 달라지지는 않는다. 더 중
요한 것은 지배와 종속으로 얼룩진 인간과 사물의 관계를 근본
적으로 뒤집는 것이다.' 이것이 최시형의 생각이었다. 내 식으로
말하자면, 관계의 질적 전환에 최시형의 뜻이 있었다.

한마디로 말하면 최시형은 종교적 인물이다. 정치 변화와 사회
구조의 변화보다는 개인의 내적 변화에 더 깊은 관심을 가진 이
였다. 그러나 19세기 말의 조선 사회는 외우내환의 위기 상황이
었고, 그래서 그가 이끌던 동학교단의 활동 역시 종교적 사명에
국한될 수가 없었다.

동학은 새로운 정치운동이자 사회운동으로서 농민들의 여망에 부응했다. "옛 세상은 끝났다. 새 시대가 온다." 최제우의 이러한 언명을 두고 많은 제자들은 그의 가르침이 종교뿐만 아니라 하나의 혁신적인 정치사회운동이라고 해석했다. 이런 믿음이 동학의 급속한 성장을 가져왔다.

자연히 현실참여의 수위를 둘러싸고 동학 지도층 내부에는 격한 논쟁이 일어났다. 전봉준을 비롯한 남접 지도부는 생존의 위협에 빠진 대다수 소농민들의 요구를 대변했다. 그들은 하루빨리 이 땅에서 외세를 내쫓고, 외세에 아부하며 부정부패를 일삼는 기득권 세력을 혁신할 궁리를 했다. 1892년쯤부터 전봉준은 이러한 현실참여 노선을 들고 나와 최시형과 갈등을 빚었다.

그로부터 이태가 지난 1894년 전봉준은 호남의 동학농민들과 함께 사상초유의 대규모 무력투쟁을 시작했다. 최시형은 격노했다. 그는 자신의 직계 제자인 전라도 부안의 대접주 김낙철(金洛喆)에게 다음과 같은 비밀 명령을 내렸다.

"전봉준은 교인의 입장과는 다른 생각을 가지고 있다. (그대가) 접주들에게 알려 어떤 어려움이 있더라도 모두 나의 지휘를 받들며 때를 기다리게 하라."

『동학사』의 저자 오지영(吳知泳)은 최시형의 성난 말투를 이렇게 적었다.

"호남의 전봉준과 호서의 서장옥(徐璋玉)은 나라의 역적이요, 동학의 난적이다."

심지어 최시형은 충주에 주둔하는 일본군에게 전봉준의 토벌을 건의할 정도였다고 전한다.

○ 북접 토벌되자 현실참여로 방향 전환

최시형이 옳았다 또는 전봉준이 옳았다고 말하기는 곤란하다. 그들 두 사람의 첨예한 노선 갈등은 하나의 역사적 딜레마였다. 양쪽 모두 나름대로 일리가 있는 주장이었다. 하지만 그들 각자는 종교적 성향에 차이가 있었고, 그들의 삶을 지배하는 현실 상황도 상이했기 때문에 양자택일이 불가피했을 것이다.

전봉준은 전라도의 비참한 농촌 현실을 대변했고, 최시형은 충청도의 지주 및 중산층의 이해를 대변했다는 주장이 있다. 설득력이 있어 보이지만, 최시형의 주된 활동무대가 단양과 영월 등 산간오지였다는 점을 고려할 때 최시형이 지주층과의 인연은 거의 없었다고 봐야 한다.

그런데 관군과 일본군이 최시형이 직접 거느린 북접까지 토벌 대상으로 삼자 상황이 급변했다. 1894년 9월 최시형은 참여 노선으로 방향을 바꾸었다. "인심이 천심이고, 이것이 천운이다. 도중(道衆)을 모아 전봉준과 힘을 합치라. 하여 교조(최제우)의 원한을 풀어드리고 동학의 큰 뜻을 이루자."

이 말에서 보듯 최시형은 아마도 혼란 속에서 북접을 보호하기 위해서라도 현실참여를 반대했던 것이 아닐까. 그런 최시형이 마음을 바꾸었지만 때는 이미 늦었다. 동학농민군은 공주 우금치에서 좌절했다. 최시형은 체포령을 피해 산으로 숨어들었다.

4년 뒤 동학교도 송경인(宋敬仁)의 밀고로 최시형은 강원도 원주에서 체포되었다. 그리고 서울로 압송되어 교수형을 받았다 (1898년 음력 6월 2일). 그에게 사형선고를 내린 고등재판소 판사 중에 조병갑(趙秉甲)이 끼어 있었다. 1894년 전봉준이 고부(지금의 전라북도 정읍)에서 동학농민운동의 횃불을 들게 만든 고부군수, 조병갑이라는 탐관오리가 바로 그 사람이었다. 19세기 조선은 마지막 순간까지도 탐관오리가 판치는 세상이었다. 이러고도 망하지 않을 방법이 있었겠는가.

○ 만민평등·철저한 비폭력주의

최시형은 왜 전봉준의 현실참여 노선에 선뜻 동의할 수 없었을까? 누군가 이렇게 묻는다면, 나는 그것이 일차적으로는 종교철학적 문제였다고 말하고 싶다. 무장투쟁이란 애당초 최시형에게 불가능한 선택이었다. 그는 인간의 문제를 저 깊은 심연에서 바라보았다. 그에게 인간의 생명은 지극히 소중했다. "사람 밖에 한울 없고, 한울 밖에 사람 없다."

19세기 조선은 사람을 계층, 성별, 나이에 따라 차별했다. 최시형은 이것을 인간사회의 고질병으로 인식하여 반기를 들었다. "사람은 한울이라 평등이요 차별이 없나니. 사람이 억지로 귀천을 가리는 것은 한울님 뜻에 어긋나리라."

비폭력 노선도 강고했다. "어린아이도 한울님을 모셨으니 때리지 말고 울리지 마옵소서."

훗날 그 가르침에 힘입어 어린이날이 제정되었다.

"부인이 남편의 뜻을 따르지 아니하면 정성을 다해 절하라. 온

순한 말로 한 번 절하고 두 번 절하면 비록 도척같이 나쁜 부인이라도 좋게 변하리라." 가부장제도 아래 자행되는 가정폭력을 비판하며 그는 화순(和順)을 바탕으로 한 부부의 평등을 강조했다.

그의 사상은 고단한 인생 역정에서 얻은 고귀한 열매였다. 남의 집 머슴살이까지 했던 최시형은 착실한 소작농이자 6년씩이나 경주 마복동의 이장을 연임했던 성실한 평민이었다. 그는 동학의 최고 지도자가 된 다음에도 손을 놀리지 않았다. "한울님이 쉬지 않는데 사람이 한울님이 주는 밥을 먹으면서 손이 놀고 있으면 한울님이 노하신다."

최시형은 자급자족적인 소규모 공동체를 이상으로 삼아 지배도 소유도 없는 인간관계의 새 출발을 소망했다.

◦ 만물평등주의를 주장한 사상가

평생 체포령을 피해 끝없는 피신의 길에 있었지만 최시형은 늘 평화로운 모습이었다. 마음이 위축되기는커녕 도리어 동학사상에 폭과 깊이를 더했다. 스승 최제우는 '시천주(侍天主)'라 하여, 자아 바깥에 존재하는 초월적 인격신으로서의 하늘을 모셨다. 그에 비해 최시형은 '양천주(養天主)'를 말했다. 자아의 내부로 들어온 하늘, 즉 내재하는 천주를 기르자고 했다.

천주의 내재성에 대한 그의 신념은 확고해, 마침내 '이천식천(以天食天)'의 새로운 경지를 열었다. 인간은 자신만큼이나 존귀한 만물의 도움으로 삶을 영위한다는 자각이었다. 현대의 언어로 말하면 최시형은 '생태적 전환'의 선구자였다. 평등과 평화에 기초한 우주만물의 새로운 관계를 추구했던 것이다.

최시형의 사상지도(思想地圖)에는 도시화와 산업화가 존재하지 않았다. 근대 유럽 시민사회가 지향한 인간 중심도 그에게는 마땅한 것이 아니었다. 나라면 그의 사상을 만물평등주의라고 이름 붙이겠다. 어두워가는 19세기 말 이 땅의 가난한 평민 가운데 최시형 같은 사상가가 출현해 희망의 싹을 틔웠다는 사실이 경이롭다.

그러나 안타깝게도 우리는 최시형이 애써 개척한 길을 따라가지 못했다. 입버릇처럼 인권을 말하는 이는 많아도, 차별과 소외의 질척한 늪은 그대로 남아 있다. 지금 세상은 남녀노소 모두에게 불편하다. 불안정한 일자리와 심각한 빈부격차로 인해 세상이 한층 더 어두워진 면도 있다. 하물며 최시형이 강조한 우주자연과 인간의 관계 회복은 이제 더더욱 난감한 일이 되었다. 파괴된 자연은 혹심한 이상기후와 전대미문의 질병으로 응답한다.

장일순이 들려주는
밥한사발의의미

무위당(无爲堂) 장일순(張壹淳, 1928~1994)은 평생 단 한 권의 저술도 남기지 않았다. 언어도단(言語道斷), 곧 말로는 진리를 표현할 수 없다고 확신했기 때문이다.

사실 그는 동서양의 종교와 고전에 두루 해박했다. 특히 노자 (老子)를 믿고 따랐다. "아는 자는 말을 하지 아니하고, 말하는 자는 알지 못한다." 노자의 이 말씀을 따라서 입을 다문 것이 아니었을까.

당호 '무위당'이 상징하듯, 그는 돈과 명예와 지위를 얻기 위해 애쓰지 않았다. 그래서 어느 때인가는 자기 자신을 이렇게 소개했다. "저는 너무나 오랜 세월 동안 두문불출하고 살다시피 한 사람이다 보니, 뭐라고 붙일 딱지가 없어요."

실은 일평생 그가 종사한 일은 한둘이 아니었다. 약자를 구하는 일이라면 언제나 팔을 걷어붙이고 나선 그였다. 평화와 정의의 세상을 만들고자 그가 노심초사한 것은, 말로 표현하기 어려울 정도였다. 그는 그림과 글씨에도 뛰어난 재사였다.

장일순이 어떤 사람이었는지를 한마디로 요약하기는 어렵다. 굳이 말하면, '생명사상가'요, 20세기 이 땅을 대표하는 '양심적 지성'이었다고 말해도 좋을 것이다. 식자들은 그의 사상을 요약해서, 하늘과 땅과 사람의 세 가지를 하나로 보았다고 말하기도 한다.

장일순의 가장 큰 매력은 언행일치에 있었다. 사소한 일상사부터 어렵고 복잡한 일에 이르기까지, 장일순은 언제나 함께 일하고, 더불어 나누며, 서로를 극진히 섬기며 살고자 했다. 그는 세속(朝市)에 숨은 '대은(大隱)'이요, 난세의 '대현(大賢)'이었다.

o 교육사업과 민주화운동을 넘어 생명사상으로 전환

일제강점기 말 그는 경성공업전문학교(서울대학교 공과대학의 전신)에 입학했다. 그런데 해방 직후 점령군인 미군의 일개 대령을 서울대학교 총장에 임명한다는 내용의 '국립서울대학교 설립안(국대안)'이 나왔다. 장일순은 이를 극력 반대했다가 제적되었다. 한국전쟁 직후에는 도산 안창호의 구국정신을 본받아, 고향 원주에서 '대성학원'을 설립했다.

그러나 때 아닌 5·16 군사쿠데타가 일어나 교육자 장일순의 삶을 망가뜨렸다. 군부는 사상이 불순하다는 이유로 그를 3년간이나 옥에 가두었다. 평소 장일순은 한반도의 분단을 극복하기 위해 '중립화'론을 폈는데, 이것이 화근이었다. 형기를 마친 장일순은 1963년 대성학원 이사장직에 복귀했다. 그런데 이번에는 독재정권이 추진하던 한일 국교정상화를 반대했다는 이유로 '정치활동정화법'과 '사회안전법'에 의해 사회활동이 금지되었다.

그는 정권의 엄혹한 감시를 받으면서도 피폐해진 농촌과 광산촌을 살리고자 노력했다. 1968년에는 고향에서 신용협동조합운동을 전개했다. 또 1971년 10월에는 천주교 원주교구의 지학순 주교와 함께 독재정권의 부정부패를 폭로하고 사회정의를 촉구하며 가두시위를 벌였다. 반독재 민주화 투쟁의 흥기를 알리는 횃불이었다.

그로부터 2년 뒤에는 홍수로 재난을 입은 강원도민을 구제하고자 지학순 주교와 함께 '재해대책사업위원회'를 조직했다. 또 민청학련 사건의 구속자 석방을 위해 국제사회와의 연대를 꾀했다. 장일순은 민주화운동의 숨은 대부였다.

그의 삶에 일대전환이 일어난 것은 1977년이었다. "종래의 방향만으로는 안 되겠다." 그는 일체의 사회운동을 공생의 원리에 따른 '생명운동'으로 전환했다. 그 결과 1983년에는 농촌과 도시의 직거래를 위한 '한살림'이 출범했다. 그로부터 6년 뒤 그는 생명사상의 원류였던 최시형 선생의 기념비를 원주에 세웠다.

말년의 장일순은 생명사상을 주제로 숱한 강연회를 열었다. 노자에 정통했던 그였기에 생명사상의 관점에서 『도덕경』을 풀이하기도 했다. 이현주 목사는 그것을 정리해서 『장일순의 노자 이야기』를 펴냈다. 이 책이 나오고 몇 달 지난 1994년 5월 22일, 67세를 일기로 장일순은 영영 눈을 감았다.

○ 돈에 환장한 세상!

"지구 전체가 지금 온통 장삿속으로 돌고 있어요." 장일순은 어느 강연에서 세태를 그렇게 비판했다. "돈이 기준이 돼 있는 세상이니까, 사람이 기본적으로 살아가는 데 적당한가, 알맞나 이러한 문제는 얘기도 안 되는 거라."

"내 자식이 꼭 일등 해야 되고, 요놈이 꼭 출세해야 되고, 요놈이 꼭 돈 많이 모아야 되고. 그러니까 공해가 올 수밖에 없잖아요. 일등만이 가치 있고, 나머지는 무시되는 이건 엄청난 공해입니다."

과학을 비롯한 일체의 학문이 인간의 오만과 끝없는 욕망을 추구하는 수단으로 전락하고 말았다며, 장일순은 현대문명을 날카롭게 해부했다. "선진국이라는 나라들, 심지어는 우리까지도 사람 죽이는 무기를 생산하고 있어요. 그게 지금 이익이 제일 많아요. 전부 무기장사라고……."

이런 사태는 종국적으로 "반(反)생명적이고, 반자연적이고, 반인간적"인 비극을 빚게 될 것이다. 한정된 지구의 자원이 고갈되고 말 것도 당연한 일이다. "도깨비도 이런 짓은 안 해요." 장일순은 장차 현대문명과는 정반대되는 새 문명이 출현할 것으로 전망했다.

○ 밥 한 사발에 우주가 담겨 있다

"일체 현상은 유기적 공존체요, 서로 밀접한 관계를 형성한 것이니, 개체와 전체가 분리되어 있지 않습니다." 또 이렇게도 말했다. "하나도 떨어져 있을 수가 없어. (만물이) 유기적인 관계에 있다, 이 말이에요."

그렇다면 관계의 회복이 본질적인 과제로 부각될 터다. 우리가 지나친 욕심을 버릴 때 비로소 생태계의 질서가 되살아날 수 있다. 이것이 그의 주장이었다.

장일순은 어디서 이런 확신을 얻었을까. 동학의 2대 교주 최시형에게서 감화된 바가 있었을 것이다. "해월 선생은 '밥 한 사발을 알면, 세상만사를 다 아느니라', 그런 말씀을 하셨어요."

밥 한 사발이 되려면, 많은 농부가 땀을 흘려야 한다. 뿐만이 아니다. 하늘도 땅도 사람도 하나가 되어야만 밥 한 사발의 농사가 이뤄진다. 그러니까 그 밥 한 사발은 우주적인 만남이 있어야 하는 것이다.

생전에 장일순이 자주 언급했듯, 최시형은 "하늘이 하늘을 먹는다(以天食天)"라고 말했다. 여기서 하늘은 사람을 비롯해 곡식 한 알, 돌멩이나 버러지 하나까지도 포함한다. 모두가 하늘이며, 그 하늘이 서로를 극진히 위해야 평화도 정의도 가능하다는 뜻이다. 이것의 장일순 사상의 중심이다.

○ 노자의 삼보(三寶)를 실천하며

우주만물이 내 한 몸이라는 생각은 노자에게서도 발견된다. 장일순은 그렇게 보았다. 하여, 그는 노자의 '삼보'를 실천하자고 주장했다. 그 첫째는 자애, 곧 사랑이다. 어머니가 객지에 두고 온 자식 생각하듯 서로 사랑하자는 것이다.

둘째는 검약이다. "하늘과 땅과 만물의 도움으로 생긴 모든 물건을 알뜰하게 모시고, (쓰고) 남는 것을 이웃과 함께 나누자"라고, 장일순은 주장했다. 물론 현대인의 삶은 이와 거리가 멀다. 다들 빚 살림을 하기에 급급한 것이다. 나라도 가계도 부채 문제로 어려움을 겪고 있는 우리더러 지하의 장일순은 과연 뭐라고 일갈할 것인가.

셋째는 겸손이다. "큰 나무가 이렇게 되자면, 그 밑에 수많은 잔뿌리가 있어야 해요. 잔뿌리 없이 큰 나무가 될 수가 없어요. 그러니까 대(大)와 소(小)는 하느님 아버지의 차원에서 보면 같은 거라." 장일순의 비유는 곧 생명과 진리의 본바탕에서 사물과 나의 관계를 세우자는 뜻이다.

그의 생각을 공유할 수 있다면, 난마처럼 어지러워진 남북문제도 우리는 풀 수 있겠다. "주인인 우리가 미국이나 소련, 그리고 그네들 욕심으로 만들어진 이데올로기에 관계없이, 남북이 스스로 내왕하고 우리 전통, 우리 살던 방식대로 살겠다고 했더라면 분단이 되었겠어요?" 한 가지 명백한 사실은 처음부터 우리 현대사의 방향이 잘못되었다는 점이다. "애초에 주판을 잘못 놓은 거예요. 그러니까 이걸 털어야 된다, 이 말이에요." 장일순의 쩌렁쩌렁한 목소리가 들리는 듯하다.

생각하는 백성 없이
위대한 나라 없다는 함석헌

지금 청소년층은 함석헌(咸錫憲, 1901~1989, 호는 바보새)의 이름 석 자도 모르는 경우가 많다. 하지만 30~40년 전만 해도 그의 명성은 세계적이었다.

그에 관한 세평이 크게 엇갈렸던 것도 사실이다. 동서양의 종교와 사상을 넘나드는 그의 사상적 폭과 깊이에 경외심을 가진 이들도 많았지만, 그의 도덕성을 문제 삼는 경우도 있었다.

함석헌은 스스로를 평해 '약한 사람'이라 했다. 내 눈에 비친 함석헌은 누구보다 민족을 사랑한 미래지향적 평화주의자였다. 함석헌은 많은 글을 남겼고, 그 가운데는 명문도 많다. 1958년 8월 『사상계』에 실린 칼럼 「생각하는 백성이라야 산다」를 다시 읽게 되었는데, 그 글에 빨려 들어갔다.

칼럼에서 함석헌은 1950년대 한국 사회의 부조리, 집권층의 무능과 부정부패를 질타했다. 이승만 정권은 심기가 불편했던지 1958년 8월 8일, 국가보안법 위반 혐의를 씌워 그를 구속했다. 사건을 담당한 20대의 젊은 형사가 예순 살에 가까운 함석헌의 뺨을 때리고 수염을 뽑아댔다. 그것은 필화(筆禍)였다. 정권의 비위를 거스르기만 하면 일단 잡아넣고 보는 경찰의 과잉충성이 그때도 대단했다. 그러자 정부를 비판하는 여론이 들끓었고, 함석헌은 석방되었다.

○ "생각하는 백성이라야 산다"

함석헌의 칼럼에는 그만의 독특한 역사관이 서려 있다. 그는 한국인의 역사적 과제를 '생각하는 민족' 또는 '철학하는 백성'이 되는 데서 찾았다. "위대한 종교 없이 위대한 나라를 세운 민족이 없다"라며, 그는 깊은 성찰을 주문했다. 이 말을 가지고 그가 특정 종교를 믿어야 한다고 주장한 것으로 오해하기 쉽지만, 그는 도리어 종교적 맹신을 경계했다. 함석헌이 강조한 것은 민족적 자아의 각성이었다. 이것이 '생각하는 백성'의 실체였다.

20세기 한국의 역사는 고달팠다. 19세기 말부터 이 땅은 제국주의 세력의 각축장이었고, 결국은 일본 제국주의자들의 차지가 되었다. 식민지 지식인 함석헌의 고뇌는 거기에서 비롯되었다. 본디 역사학도였던 함석헌은 젊은 시절부터 '우리 역사'의 의미를 천착했다. "인류 역사가 결국 고난의 역사지만, 그중에서도 우리 역사는 그 주연"이라는 것이 그의 확신이었다. 나중에 이런 생각을 정리한 것이 「성서적 입장에서 본 조선 역사」였다. 『사상계』 칼럼에서 그는 평소의 지론을 다시 이야기했다.

함석헌은 우리 역사의 고난을 세 가지로 설명했다. 첫째, 수백

년 동안 '당파 싸움'의 악습에 젖었다고 말했다. 둘째, 외세에 의존하는 폐단의 뿌리가 깊다고 했다. 셋째, 이 두 가지 문제점은 결국 '깊은 인생관, 높은 세계관'의 결여에서 생긴 것이라고 했다. 물론 이러한 견해는 역사적 사실 자체가 아니라 그 자신의 해석이었다. 그것도 20세기 한국 사회가 겪은 고난에서 비롯된 함석헌의 주관적 평가였다.

○ 신채호의 민족주의 사관 계승

"나라를 온통 들어 잿더미, 시체더미로 만들었던 6·25 싸움이 일어난 지 여덟 돌이 되도록 우리는 그 뜻을 깨닫지 못하고 있다."

1950년대 후반의 한국 사회를 비판의 도마 위에 올린 함석헌의 변(辯)이다.

그는 한국전쟁의 근본 원인을 밝히기 위해 멀리 삼국시대까지 거슬러 올라갔다. 그리하여 후대가 고구려의 상무적인 전통을 망각한 것이 문제의 발단이라고 했다. 7세기 이후 백제와 신라의 지도층이 외세 굴종적인 태도를 보인 것도 큰 문제라고 지적했다. 사대주의자 김부식이 득세한 고려 후기의 역사도 잘못이지만, 친명파가 주도한 조선 왕조의 건국은 애초부터 잘못되었다고 힘주어 말했다. 이러한 함석헌의 역사적 관점은 단재(丹齋) 신채호(申采浩)의 민족주의 사관을 계승한 것이었다.

그런데 한국전쟁의 원인을 찾기 위해 그렇게 먼 세월을 소급해야 하는 것일까? 또 한국사의 근본 성격을 그렇게 일방적으로 해석해도 좋을까? 그의 역사주의적 관점에 나는 동의할 수 없다. 그렇다고 함부로 비판할 수도 없는 처지다. 함석헌의 역사적 사유, 그 저변을 20세기 한국의 슬픔과 눈물이 적시고 있기 때문이다. "바다를 뒤집는" 강대국들의 "고래 싸움"이 한반도라는 "가엾은 새우등을" 터지게 한 까닭을 알아내려고 그는 괴로워했다. 결국 그는 이 민족을 "역사의 한길에 앉는 고난의 여왕"이라 정의했다. 자학적 표현 같지만, 우리는 함석헌의 깊은 시름을 통감한다.

○ 우리 힘 약해 '참 해방' 얻지 못해

함석헌은 한국 현대사의 문제점을 세 가지로 보았다. 첫째, 1945년의 해방은 '참 해방'이 못 되었다는 것이다. "참 자유를 누리는 민족이 되었다면, 미국과 소련 두 세력이 압박을 하거나 말거나 우리는 우리대로 섰을 것"이라 했다. 미국의 브루스 커밍스를 비롯한 일부 학자들은 한반도 내부의 뿌리 깊은 갈등이 분단의 심층적 원인이라 말한다.

함석헌의 생각은 달랐다. "쉬운 말로, 만만한데 말뚝질이지, 만만치 않다면 아무 놈도 감히 말뚝을 내 등에 꽂을 수는 없을 것이다." 약소민족이라서 외세에 휘둘리고 말았다는 주장이다.

어떻든 분단의 결과는 혹독한 현실로 이어졌다. "남한은 북한을 소련, 중공의 꼭두각시라 하고 북한은 남한을 미국의 꼭두각시라 하니, 있는 것은 꼭두각시뿐이지 나라가 아니다. 우리는 나라 없는 백성이다." 우리는 꼭두각시요 나라 없는 백성이라는 표현이 이승만 정권을 분노하게 만들었을지 몰라도, 이것이 역사적 현실과 동떨어진 것이었을까.

2015년 남북대화에는 평소 무관심한 최고위층이 중국과 통일 문제를 상의하겠다고 말해, 뜻있는 시민들을 놀라게 했다. 또 당시 집권세력은 '건국절'이니 '이승만 국부'론을 들먹이며 분단국가의 탄생에 큰 의미를 부여하는 분위기였다. 한 국가가 일어난 것이 결코 무의미한 일은 아니었다. 하지만 그 역사적 의미는 제한적이었다. 나로서는 적어도 분단 문제가 평화적으로 극복될 때까지는 그 평가를 유보하겠다.

○ 피, 땀으로 회개하고 새 출발하자

함석헌이 제기한 두 번째 문제는 정권의 도덕성이었다. "이 정치하는 사람들이 정말 권세욕이 아니고 나라를 생각하는 정성이 있다면, 같은 전쟁에도 좀 더 백성을 불쌍히 여기지 않았을까?" 처음부터 남북한은 상대를 헐뜯고 비난하는 데 익숙했다. '내 잘못'으로 전쟁이 터졌다는 생각이 없었다. 그들은 정권을 유지하는 데 골몰했다. 때문에 많은 이들은 한국전쟁을 "정권 쥔 자들의 일로 알았지 국민의 일로 알지 않았다." 특히 이승만은 "서울을 절대 아니 버린다고 열 번 스무 번 공포하고 슬쩍 도망을 쳤으니 국민이 믿으려 해도 믿을 수" 없었다.

그럼에도 이승만은 비위에 거슬리기만 하면 빨갱이로 몰아댔다. 그 한심한 빨갱이 놀이가 아직도 계속되고 있다. 저들은 늘 분단 상황을 빌미로 삼았다. 이를 보다 못해 함석헌은 분단을 "목구멍에 걸려 있는 불덩이"라 했고, 그 때문에 "밥을 먹을 수 없고, 숨을 쉴 수 없고, 말을 할 수도, 울 수도 없다"라고 탄식했다. 문제는 그 분단이 흉악한 몰골 그대로 남아, 아직도 지뢰와 총성을 터뜨린다는 사실이다.

셋째, 그는 종교기관의 허위와 부패를 말했다. "전쟁 중에 가장 보기 싫은 것은 종교단체들이었다. 피난을 시킨다면 제 교도만 하려 하고, 구호물자 나오면 서로 싸우고, 썩 잘 쓰는 것이 그것을 미끼로 교세 늘리려고나 하고, 그러고는 정부와 군대가 하는 일은 그저 잘한다, 잘한다" 했다. 본연의 사명은 실종되고, 세상 욕심에 눈먼 사람들이 종교기관을 장악해 외세와 정권에 아부하는 추태가 연출되었다는 지적이다. 그것이 지금이라고 얼마나 달라졌을까 싶다.

이에 함석헌은 새 출발을 촉구했다. "밭에서, 광산에서, 쓴 물결 속에서, 부엌에서, 교실에서, 사무실에서 피로 땀으로 하는 회개"였다. 그의 말대로 생각하는 백성 '씨알'이 되어 평화의 새 땅을 일구는 것이 언제쯤 가능할까.

1 ——

우리는 지금까지 여러 선비들과 춤을 추었다. 그들과 우리의 사이를 막아선 시간의 장벽을 가로질러 대화를 나누었다. 나 같은 역사가의 일상은 대체로 그런 것이다. 기록 속에 잠들어 있는 선비들을 현재라는 조명 아래 불러내어, 그들의 생각과 언행을 '반추(反芻)'하는 것이다.

'반추', 곧 되새김질에도 여러 가지 방법이 있다. 내가 역사를 읽는 방식이 옳고 나머지는 그르다고 볼 수는 없다. 솔직히 말해, 나는 한 사람의 역사가로서 이 복잡한 시대를 어떻게 살아야 할지 잘 모를 때가 많다.

그럴 때면 독일의 사상가 발터 벤야민의 글에서 발견한 글귀 하나를 되풀이하여 읽는 습관이 있다. 그는 이렇게 말했다.

> 과거를 역사적으로 표현한다는 것은 그것이 '원래 어떠했는가'를 인식하는 일을 뜻하는 것이 아니다. 그것은 위험의 순간에 섬광처럼 스치는 어떤 기억을 붙잡는다는 것을 뜻한다. (『역사의 개념에 대하여』)

2 ——

벤야민이 "과거를 역사적으로 표현한다"고 말한 것은 역사 서술이다. 역사가의 실천적 활동이다. 그런데 흥미롭게도 벤야민은 우리에게 익숙한 실증주의 또는 근대 역사학자들과는 입장이 다르다. 근대 역사학의 아버지 레오폴트 폰 랑케는 일찍이 이렇게 말했다. "그것이 본래 어떠했는가를 서술하는 것이 역사 연구의 본질이다." 벤야민의 주장은 그렇지 않다.

그럼 어떠해야 한다는 것인가? "섬광처럼 스치는 어떤 기억을 붙잡는" 행위라고 벤야민은 말한다. 역사가란 사실의 인과관계를 체계적으로 기록하는 존재가 아니라, 순간의 기억을 포착하는 이라는 것이다. 망각의 위기에 빠진 순간의 기억을 기록함으로써 길이 보존하는 것, 여기에 역사가의 임무가 있다고 벤야민은 주장한다.

3 ——

근대역사학의 입장에서는 수긍할 수 없는 말이다. 역사가가 기껏 촉각을 세워 기록하는 것이 "섬광처럼 스치는" 과거의 기억 한 줌이라니! '번쩍' 하고 뇌리를 스쳐가는 기억, 이것은 아마도 지배자들이 보기에는 큰 의미가 없는 사소한 일일지도 모른다. 겉으로 보면 대수롭지 않은 작은 사건들, 그러나 깊이 생각하면 세상의 심층구조를 파악하는 데 본질적인 기억들이다. 벤야민이 말한 "섬광처럼 스쳐가는 기억"은 그런것이다. 나는 그렇게 추측한다.

나의 추론을 뒷받침하는 결정적인 어휘가 인용문 가운데 포함되어 있다. '위험의 순간', 즉 위기라고 하는 벤야민의 상황 설정이다. 현대사회를 위협하는 '위기'의 실체는 무엇인가? 그것은 "지배계급의 도구로 넘어갈 위험"이다. 과연 기득권층은 공생적 적대관계에 있는 이른바 진보세력까지도 도구화한다.

우리의 현실을 보아도 그런 주장에는 설득력이 있다. 한국의 기득권층은 허다한 사건들, 가령 세월호 사건이든 사드 배치, 위안부 합의를 둘러싼 논의에서도 도구화 전략을 구사한다. 그들은 주류 언론과 국회 및 사법부를 움직여 자신들의 입장을 강변하고, 자신들의 대척점에 있는 진보진영까지도 은근하고 교묘한 방법으로 굴복시킨다.

4 ____

사회적 약자로 내몰린, 양심적이고 평범한 시민들은 과연 무엇을 할 수 있을까? 벤야민이 가장 고심한 것이 바로 이 지점이었다. 그래서 그는 실토한다. "메시아는 구원자로서만 오는 것이 아니다." 나는 그의 견해에 공감한다. 오늘날 우리 시민들이 갈망하는 구원의 주체는, 구원의 실천자가 되지 못한다. 가령 시민들이 외세의 궁극적인 철수를 바란다 해도, 시민들이 지지하는 정권은 그 요구에 부응하지 못할 것이다. 국내외적으로 중층적인 이해관계가 복잡하게 얽혀 있기 때문이다.

즉각적 '구원'은 불가능하다. 갈수록 우리의 고민은 깊어진다. 어떻게 하면, 깊은 바다 속에서 죄 없이 죽은 아이들이 다시 우리 곁으로 되돌아오고, 권력의 폭력 앞에 맥없이 쓰러진 이 땅의 농부와 노동자들이 다시 일어날 수 있을까? 우리는 지난한 과제 앞에 서 있다.

길을 잃고 방황하는 나에게 벤야민의 목소리가 들려온다. "메시아는 적(敵)그리스도를 극복하는 자로서 온다." 적그리스도란 누구일까? 여기서는 자세히 논의할 겨를이 없다. 그저 그것은 하나의 상징이라고 해두자. 우리 사회를 어지럽히는 온갖 적폐의 저편에 숨어 있는 것, 악질적 범죄 집단이라고 이해하자. 본질적인 의미에서 그것은 추악한 다국적 자본이기도 할 것이다. 바로 그런 세력을 '극복'하는 것이 우리 시대의 메시아라고 볼 수 있다.

그 메시아와 역사가는 무슨 상관이 있을까? 이 물음에 대한 답이 있어야 하나의 매듭이 지어진다. 나는 다시 한 번 벤야민의 생각을 빌려, 한 걸음 더 앞으로 나아간다. 그는 만약 "적이 승리한다면, 그 적 앞에서" 우리 가운데 누구도 "안전하지 못하다"라고 힘주어 말한다. 그렇다면 이 점을 가장 "투철하게 인식하고 있는" 사람, 그 사람이 바로 역사가일 것은 자명하다. "섬광처럼 스치는 기억"을 기억해야 하는 이유가 바로 그 점에 있다. 나는 그렇게 해석한다.

5 ____

이처럼 시대의 고뇌를 함께 하는 역사가라야 "과거 속에서 희망의 불꽃을 점화할" 수 있을 것이다. 벤야민이야말로 실은 역사가에게 엄청난 기대를 걸고 있었다. 여러모로 부족한 나 역시 오랫동안 그런 역사가의 출현을 애타게 기다려왔다.

적폐청산의 희망이 서서히 빛을 잃어가는 역사의 계절이다. 개혁과 역사의 새 출발을 목 놓아 기다리는 많은 시민들 틈에서 왠지 나는, 내밀한 나의 바람을 고백하지 않을 수 없는 심정이 된다.

참고문헌

조선왕조실록(sillok.history.go.kr)

강명관, 『성호, 세상을 논하다. 성호 이익의 비망록 성호사설을 다시 읽다』, 자음과모음,
    2011.

김정희, 민족문화추진회 옮김, 『완당전집』(1~4), 솔, 1998.

로버트 단턴, 주명철 옮김, 『책과 혁명』, 알마, 2014.

백승종, 『생태주의 역사강의』, 한티재, 2017.

백승종, 『정조와 불량선비 강이천』, 푸른역사, 2011.

백승종, 『조선의 아버지들』, 사우, 2016.

법조삼성평전간행위원회, 『한국 사법을 지킨 양심. 김병로·최대교·김홍섭』, 일조각,
    2015.

발터 벤야민, 최성만 옮김, 『역사의 개념에 대하여, 폭력비판을 위하여, 초현실주의 외』
    (발터 벤야민 선집 5), 길, 2012.

송시열, 『송자대전』(1~8), 보경문화사, 1985.

신동일, 『홍의장군 곽재우』, 지경사, 2006.

안중근, 『안중근 의사 자서전』, 범우, 2014.

이규성, 『최시형의 철학. 표현과 개벽』, 이화여자대학교 출판부, 2011.

이순신, 노승석 옮김, 『교감완역 난중일기 개정판』, 여해, 2016.

이익, 고정일 옮김, 『성호사설』, 동서문화사, 2015.

이황, 이광호 옮김, 『퇴계집. 사람됨의 학문을 세우다』, 한국고전번역원, 2017.

장석흥, 『안창호. 한국 독립운동의 혁명 영수』, 역사공간, 2016.

장일순, 『나락 한 알 속의 우주. 무위당 장일순의 이야기 모음』, 녹색평론사, 2016.

장일순, 이현주 편집, 『무위당 장일순의 노자 이야기』, 삼인, 2003.

정두희, 『조광조』, 아카넷, 2001.

정조, 『홍재전서』(1~22권), 한국학술정보, 2008.

한인섭, 『가인 김병로』, 박영사, 2017.

함석헌, 『함석헌전집』(1~30), 한길사, 2009.

허경진, 『허균평전. 시대를 거역한 격정과 파란의 생애』, 돌베개, 2002.

혜경궁 홍씨, 정병설 옮김, 『한중록』, 문학동네, 2010.

선비와 함께 춤을

초판 1쇄 인쇄 2018년 3월 7일
초판 1쇄 발행 2018년 3월 15일

지은이   백승종
펴낸이   문채원
편집   오효순
디자인   이창욱

펴낸곳   도서출판 사우
출판등록 2014-000017호
주소   서울시 양천구 목동동로 50, 1223-508
전화   02-2642-6420
팩스   0504-156-6085
전자우편 sawoopub@gmail.com

ISBN 979-11-87332-19-0 03910

「이 도서의 국립중앙도서관 출판예정도서목록(CIP)은 서지정보유통지원시스템 홈페이지(http://seoji.nl.go.
kr)와 국가자료공동목록시스템(http://www.nl.go. kr/kolisnet)에서 이용하실 수 있습니다.(CIP제어번호:
CIP2018003991)」